DER HIMMEL (I)

„Und sie hatte die Herrlichkeit Gottes.
Ihr Lichtglanz war gleich einem sehr kostbaren Edelstein,
wie ein kristallheller Jaspisstein."
(Offenbarung 21,11)

DER HIMMEL (I)

Ein wunderschöner, kristallklarer Ort

„Und sie hatte die Herrlichkeit Gottes.
Ihr Lichtglanz war gleich einem sehr kostbaren Edelstein,
wie ein kristallheller Jaspisstein.

- Offenbarung 21,11 -

DR. JAEROCK LEE

DER HIMMEL (I): von Dr. Jaerock Lee
Veröffentlicht von Urim Books (Vertreten durch Seongkeon Vin)
361-66, Shindaebang-Dong, Dongjak-Gu, Seoul, Korea
www.urimbooks.com

Alle Schriftstellenzitate sind, wenn nicht anders angegeben, der Revidierten Elberfelder Bibel entnommen.

Urheberrecht © 2012 Dr. Jaerock Lee
ISBN: 978-89-7557-682-9
ISBN: 978-89-7557-681-2 (set)
Urheberrecht der Übersetzung © 2003 Dr. Esther K. Chung.

Ursprünglich 2002 auf Koreanisch veröffentlicht von Urim Books, Seoul, Korea

Erste Ausgabe: März 2007
Zweite Ausgabe: März 2013

Original bearbeitet von Geumsun Vin
Übersetzt von Anke J Stoye
Design: Redaktionsbüro von Urim Books
Druck: Yewon Printing Company
Für weitere Informationen: urimbook@hotmail.com

 VORWORT

Gott, der die Liebe in Person ist, führt jeden einzelnen Gläubigen nicht nur hin zum Weg der Errettung, sondern offenbart ihm auch die Geheimnisse des Himmels.

Zumindest einmal im Leben stellt sich wahrscheinlich jeder solche Fragen wie „Wohin werde ich nach dem Leben auf dieser Welt gehen?" oder „Existieren Himmel und Hölle wirklich?" Viele Menschen sterben, bevor sie Antworten auf diese Fragen finden. Wenn sie an ein Leben nach dem Tod glauben, haben sie den Himmel lange noch nicht in Besitz genommen. Denn: Nicht alle haben eine wahre Erkenntnis darüber. Himmel und Hölle entspringen nicht jemandes Fantasie, sondern stellen im geistlichen Bereich eine Realität dar.

Einerseits ist der Himmel ein wunderbarer Ort, der mit nichts auf dieser Welt verglichen werden kann. Besonders die Schönheit und die Seligkeit im neuen Jerusalem, wo sich Gottes Thron befindet, kann man nicht angemessen beschreiben, denn das neue Jerusalem wurde mit himmlischem Geschick aus den besten Materialien geschaffen.

Andererseits ist die Hölle ein Synonym für unendlich schlimme Qualen und ewige Bestrafung. Die erschreckende Realität dort wird in dem Buch *Die Hölle* im Detail beschrieben. Jesus und die Apostel sprachen über Himmel und Hölle und selbst heute offenbart Gott sie denen in vielen Einzelheiten, die aufrichtig an Ihn glauben.

Der Himmel ist der Ort, an dem sich Kinder Gottes des ewigen Lebens erfreuen werden und wo unbeschreiblich schöne und wunderbare Dinge für sie vorbereitet sind. Sie erfahren aber nur Einzelheiten darüber, wenn Gott dies gestattet und sie Ihnen zeigt.

Sieben Jahre lang betete und fastete ich immer wieder, um mehr über den Himmel zu erfahren und fing an, diesbezüglich von Gott Antworten zu empfangen. Jetzt zeigt mir Gott immer mehr Geheimnisse des geistlichen Bereiches in immer intensiverer Weise.

Weil der Himmel nicht sichtbar ist, gestaltet es sich sehr schwierig, ihn mit der Sprache und der Erkenntnis dieser Welt zu beschreiben. Es könnten dabei außerdem Missverständnisse auftreten. Darum war es dem Apostel Paulus auch nicht möglich, das Paradies im dritten Himmel, das er in einer Vision gesehen hatte, in Worte zu fassen.

Gott hat mir auch viele Geheimnisse über den Himmel gezeigt und ich predigte monatelang über das glücklich Leben und die verschiedenen Orte und Belohnungen, die im Himmel nach dem Maß des Glaubens bereit stehen. Allerdings könnte ich nie in allen Einzelheiten all das predigen, was ich darüber erfahren habe. Der Grund, warum mir Gott erlaubt, die Geheimnisse des geistlichen Bereichs in diesem Buch zu veröffentlichen, ist folgender: Es sollen dadurch so viele Seelen wie nur möglich errettet werden und in den Himmel kommen, der so glänzend und wunderschön wie ein Kristall ist.

Ich danke Gott von ganzem Herzen und gebe Ihm alle Ehre, dass Er es mir ermöglicht, das Buch *Der Himmel (I): Ein wunderschöner, kristallklarer Ort* zu veröffentlichen. Es beschreibt den Ort, der glänzend und wunderschön wie Kristall ist – eben ein mit Gottes Herrlichkeit erfüllter Ort. Ich hoffe, auch Sie werden die großartige Liebe Gottes erfassen, die Ihnen persönlich die Geheimnisse des Himmels offenbart und die allen Menschen den Weg zur Errettung weist, damit auch Sie davon Besitz ergreifen. Ebenso hoffe ich, dass Sie auf das Ziel des ewigen Lebens im Neuen Jerusalem hinzustürmen werden.

Ich möchte Geumsun Vin, der Büroleiterin des Herausgebers,

ihren Mitarbeitern und denen des Übersetzungsbüros für ihre fleißige, zur Veröffentlichung dieses Buches notwendige Arbeit danken. Ich bete im Namen des Herrn Jesus, dass durch dieses Buch viele Seelen gerettet und sich des ewigen Lebens im Neuen Jerusalem erfreuen werden.

Jaerock Lee

EINLEITUNG

Ich hoffe, Sie werden die geduldige Liebe Gottes für sich selbst erkennen, sich das geistliche Leben voll und ganz zu eigen machen und auf das neue Jerusalem zueilen.

Ich danke Gott und gebe Ihm alle Ehre, denn Er hat zahlreiche Menschen so geführt und geleitet, dass sie den geistlichen Bereich richtig erkennen und in der Hoffnung auf den Himmel auf das richtige Ziel zustürmen können, weil drei Bücher, nämlich *Die Hölle* über die Hölle sowie das zweiteilige Buch *Der Himmel* über den Himmel veröffentlicht und übersetzt werden konnten.

Das vorliegende Buch enthält zehn Kapitel und berichtet klar und verständlich über das Leben, die Schönheit und die verschiedenen Orte im Himmel ebenso wie über die Belohnungen, die es nach dem Maß des Glaubens dort gibt. Es ist das, was Gott Dr. Jaerock Lee durch die Eingebung des Heiligen Geistes offenbart hat.

Kapitel 1. „Der Himmel: So glänzend und wunderschön

wie Kristall." Diese Kapitel beschreibt das unendliche Glück im Himmel und das allgemeine Erscheinungsbild eines Ortes, an dem weder die Sonne noch der Mond zu scheinen brauchen.

Kapitel 2. „Der Garten Eden und der Wartesaal des Himmels". Dieses Kapitel erläutet die Örtlichkeiten, das Aussehen und das Leben im Garten Eden, so dass Sie den Himmel besser verstehen können. Sie erfahren von den Plänen und der Vorsehung Gottes, der den Baum von der Erkenntnis des Guten und des Bösen dorthin pflanzte und den Menschen zur geistlichen Reife führte. Außerdem erfahren Sie mehr über den Wartesaal, in dem die erretteten Menschen auf den Tag des Jüngsten Gerichtes warten, und über das Leben dort ebenso wie über die Menschen, die direkt in das neue Jerusalem eintreten dürfen, ohne dass sie dort zunächst noch andernorts warten müssten.

Kapitel 3. „Das siebenjährige Hochzeitsmahl." Dieses Kapitel erläutert das zweite Kommen Jesu Christi, die schlimme siebenjährige Trübsal, die Wiederkehr des Herrn zur Erde, das Tausendjährige Reich und das ewige Leben danach.

Kapitel 4. „Seit der Schöpfung verborgene Geheimnisse des

Himmels." Dieses Kapitel deckt die Geheimnisse des Himmels auf, die in Jesu Gleichnissen offenbart wurden und Sie erfahren, wie Sie den Himmel, wo es viele Wohnungen gibt, in Besitz nehmen können.

Kapitel 5. „Wie werden wir im Himmel leben?" Diese Kapitel beschreibt, wie groß, wie schwer und von welcher Farbe der geistliche Leib sein wird und wie wir leben werden. Es berichtet in mehreren Beispielen, dass das Leben im Himmel voller Freude ist und drängt Sie, sich eifrig und voller Hoffnung in Richtung Himmel aufzumachen.

Kapitel 6. „Das Paradies." In diesem Kapitel geht es um die niedrigste Ebene des Himmels, die doch so viel mehr Schönheit und Glück zu bieten hat als diese Welt. Es werden auch diejenigen beschrieben, die ins Paradies einkehren werden.

Kapitel 7. „Das erste Königreich der Himmel." Hier werden das Leben und die Belohnungen des ersten Königreiches beschrieben, wo diejenigen hinkommen werden, die Jesus Christus angenommen und versucht haben, dem Wort Gottes entsprechend zu leben.

Kapitel 8. „Das zweite Königreich der Himmel." In diesem Kapitel tauchen Sie in das Leben und die Belohnungen des zweiten Königreiches ein. Dorthin kommen die, die zwar die Heiligkeit nicht ausgelebt haben, aber doch ihre Pflichten erfüllten. Hierin wir auch betont, wie wichtig es ist, gehorsam zu sein und seinen Pflichten nachzukommen.

Kapitel 9. „Das dritte Königreich der Himmel." Hier wird die Schönheit und Herrlichkeit des dritten Königreiches, die mit der des zweiten Königreiches nicht verglichen werden kann, erläutet. Das dritte Königreich ist allein für diejenigen bestimmt, die durch Fleiß und mit der Hilfe des Heiligen Geistes alle Sünde abgelegt haben, selbst die Sünde in ihrer Natur. Es beschreibt die Liebe Gottes, der Prüfungen zulässt.

Und schließlich wird im 10. Kapitel „Das neue Jerusalem" vorgestellt. Es ist der allerschönste und herrlichste Ort im Himmel. Dort befindet sich Gottes Thron. Es beschreibt diejenigen, die in das neue Jerusalem einziehen werden. Das Kapitel schließt damit, dass dem Leser Beispiele voller Hoffnung mit auf den Weg gegeben werden, denn dort findet er etwas über die Häuser von zwei Personen, die im neuen Jerusalem leben werden.

Für Seine geliebten Kinder hat Gott den Himmel, so glänzend und wunderschön wie Kristall, vorbereitet. Er will, dass so viele Menschen wie nur möglich gerettet werden und freut sich darauf zu sehen, wie Seine Kinder in das neue Jerusalem einziehen werden.

Ich hoffe im Namen des Herrn Jesus, dass alle Leser von *„Der Himmel (I): Ein wunderschöner, kristallklarer Ort"* Gottes große Liebe für sich selbst erkennen, das geistliche Leben voll und ganz ergreifen und voller Enthusiasmus auf das neue Jerusalem zueilen werden.

Geumsun Vin
Leitung der Redaktion

# Inhalt

Kapitel 1

Der Himmel: So glänzend und wunderschön wie Kristall

Und [d]er [Engel] zeigte mir einen Strom
von Wasser des Lebens,
glänzend wie Kristall, der hervorging aus dem Thron
Gottes und des Lammes.
In der Mitte ihrer Straße und des Stromes,
diesseits und jenseits, war der Baum des Lebens,
der zwölfmal Früchte trägt und
jeden Monat seine Frucht gibt;
und die Blätter des Baumes sind zur Heilung der Nationen.
Und keinerlei Fluch wird mehr sein;
und der Thron Gottes und des Lammes
wird in ihr sein; und seine Knechte werden ihm dienen,
und sie werden sein Angesicht sehen;
und sein Name wird an ihren Stirnen sein.
Und Nacht wird nicht mehr sein,
und sie bedürfen nicht des Lichtes einer Lampe
und des Lichtes der Sonne,
denn der Herr, Gott,
wird über ihnen leuchten, und sie werden
herrschen von Ewigkeit zu Ewigkeit.

- Offenbarung 22,1-5

1

Viele Menschen fragen sich: „Was für ein Ort ist der Himmel eigentlich? Es heißt, man könne dort in alle Ewigkeit glücklich sein." Wenn Sie Zeugnisse von Leuten hören, die im Himmel waren, ist es bei den meisten so, dass sie durch einen langen Tunnel mussten. Das liegt daran, dass der Himmel im geistlichen Bereich liegt, der sich stark von der Welt, in der wir jetzt leben, unterscheidet.

Diejenigen, die in dieser dreidimensionalen Welt leben, wissen nichts Genaues über den Himmel. Man erfährt Dinge über jene wunderbare Welt, die über der dreidimensionalen Welt liegt, nur etwas, wenn Gott sie einem zeigt oder wenn einem die geistlichen Augen aufgetan werden. Sobald Sie Einzelheiten über diesen geistlichen Bereich erfahren, wird sich nicht nur Ihre Seele freuen, sondern Ihr Glaube wird rasch wachsen und Sie werden ein von Gott Geliebter sein. So erzählte zum einen Jesus in vielen Gleichnissen von den Geheimnissen des Himmels und zum andern beschrieb der Apostel Johannes in der Offenbarung den Himmel in vielen Einzelheiten.

Also, was für ein Ort ist der Himmel und wie werden die Menschen dort leben? Hier soll Ihnen nun ein Einblick in den Himmel gewährt werden, der so glänzend und wunderschön wie Kristall ist und den Gott bereithält, um Seinen Kindern dort Seine Liebe in Ewigkeit zu erweisen.

Der neue Himmel und die neue Erde

Der erste Himmel und die erste Erde, die Gott schuf, waren so glänzend und wunderschön wie Kristall, doch sie wurden verflucht, weil Adam, der erste Mensch, ungehorsam war. Außerdem haben die rasant expansive Industrialisierung und die

Entwicklungen in Wissenschaft und Technik zur Verschmutzung der Erde geführt. Deshalb rufen heutzutage auch immer mehr Menschen zum Schutz der Natur auf. Wenn der richtige Zeitpunkt gekommen ist, wird Gott daher den ersten Himmel und die erste Erde wegtun und einen neuen Himmel und eine neue Erde offenbaren. Doch auch wenn diese Erde verschmutzt und kaputt ist, wird sie dennoch gebraucht, damit echte Kinder Gottes großgezogen werden können, die eines Tages in den Himmel kommen.

Am Anfang schuf Gott die Erde und den Menschen und den führte Er sodann in den Garten Eden. Er gab ihm die größtmöglichen Freiheiten und allen Überfluss. Er erlaubte ihm alles – nur nicht, vom Baum der Erkenntnis des Guten und des Bösen zu essen. Doch der Mensch tat genau das, was Gott ihm verboten hatte und wurde deswegen aus dieser Erde vertrieben – praktisch aus dem ersten Himmel und der ersten Erde.

Da der Allmächtige schon vorher wusste, dass die Menschheit sich für den Weg des Todes entscheiden würde, hatte Er Jesus Christus schon vor Beginn der Zeit vorbereitet und sandte Ihn dann zur rechten Zeit zur Erde.

Jeder, der den gekreuzigten und auferstandenen Jesus Christus annimmt, wird in eine neue Schöpfung verwandelt werden, den neuen Himmel und die neue Erde erleben und sich des ewigen Lebens erfreuen.

Der blaue Himmel im neuen Himmel – so glänzend wie Kristall

Der Himmel im neuen Himmel, den Gott vorbereitet hat, ist erfüllt mit sauberer Luft, so dass er ganz klar, rein und sauber ist – nicht so wie auf dieser Welt. Stellen Sie sich einen klaren hohen

Himmel vor, in dem reine, weiße Wolken sind. Wie wunderbar, wie schön das wäre!

Warum sollte Gott den neuen Himmel aber blau machen? Geistlich gesehen sorgt die Farbe Blau dafür, dass Sie Tiefen, Höhen und Reinheit erleben oder spüren können. Wasser ist so rein wie es blau ausschaut. Wenn Sie in den blauen Himmel schauen, spüren Sie dabei eine Frische im Herzen. Gott schuf einen blauen Himmel für diese Erde, weil Er Ihr Herz gereinigt und Ihnen den Wunsch ins Herz gelegt hat, sich auf die Suche nach dem Schöpfer zu begeben. Wenn Sie in den klaren, blauen Himmel schauen und dabei bekennen können: „Mein Schöpfer muss da oben sein. Er hat alles so wunderbar geschaffen!", dann wird Ihr Herz gereinigt und Sie werden sich gedrängt fühlen, ein gutes, ordentliches Leben zu führen.

Wie sähe es beispielsweise aus, wenn der ganze Himmel gelb wäre? Anstatt sich wohl zu fühlen, würden sich die Menschen unbehaglich, unwohl und verwirrt fühlen; manche bekämen deswegen vielleicht sogar geistige Probleme. Verschiedene Farben haben auf den menschlichen Verstand Auswirkungen, können ihn erfrischen oder durcheinander bringen. So machte Gott den Himmel des neuen Himmels blau und setzte reine, weiße Wolken hinein, so dass Seine Kinder glücklich würden leben können – und zwar mit Herzen so glänzend und wunderschön wie Kristall.

Die neue Erde des Himmels – aus reinem Gold und Juwelen

Wie wird die neue Erde im Himmel aussehen? Auf der neuen Erde im Himmel, die Gott so glänzend und wunderschön wie Kristall gemacht hat, gibt es keinen Boden oder Staub. Die neue Erde besteht aus lauter reinem Gold und Juwelen. Es muss wirklich faszinierend sein dort im Himmel, wo die Straßen aus Gold und Juwelen nur so glänzen! Diese Erde besteht aus Staub, der sich im Laufe der Zeit verändern kann. Diese Vergänglichkeit weist auf ihre Bedeutungslosigkeit und den Tod hin. Gott lässt zu, dass alle Pflanzen wachsen, Früchte tragen, und wieder verwelken. Dies soll Ihnen helfen zu verstehen, dass das Leben auf dieser Erde ein Ende hat.

Der Himmel besteht aus unveränderlich reinem Gold und Juwelen, denn der Himmel ist eine echte und ewige Welt. Die Pflanzen, die im Himmel wachsen, sind so wie die auf der Erde – allerdings ohne zu sterben oder zu verwelken.

Sogar Hügel und Schlösser bestehen aus Juwelen und reinem Gold. Stellen Sie sich einmal vor, wie strahlend schön sie sein müssen. Sie sollten einen Glauben haben, der echt ist, damit Sie diese Schönheit, dieses Glück des Himmels, die man wirklich nicht in Worte fassen kann, nicht verpassen.

Das Verschwinden des ersten Himmels und der ersten Erde

Was wird mit dem ersten Himmel und der ersten Erde geschehen, wenn dieser neue schöne Himmel und die neue Erde erscheinen?

Und ich sah einen großen weißen Thron und den, der darauf saß, vor dessen Angesicht die Erde entfloh und der Himmel, und keine Stätte wurde für sie gefunden. (Offenbarung 20,11).

Und ich sah einen neuen Himmel und eine neue Erde; denn der erste Himmel und die erste Erde waren vergangen, und das Meer ist nicht mehr (Offenbarung 21,1).

Wenn über die Menschen, die hier auf Erden aufgewachsen sind, das Urteil „gut" oder „schlecht" gefällt wird, werden der erste Himmel und die erste Erde vergehen. Das bedeutet, dass sie nicht vollständig verschwinden, sondern an einen anderen Ort versetzt werden.

Warum sollte Gott den ersten Himmel und die erste Erde nur an einen andern Ort verfrachten, anstatt sich ihrer gleich zu entledigen? Der Grund ist, dass Seine Kinder, die dann im Himmel sind, den ersten Himmel und die erste Erde vermissen würden, wenn Er sie vollständig entfernen würde. Obwohl sie im ersten Himmel und auf der ersten Erde Sorgen hatten und Probleme, werden sie sie dennoch bisweilen vermissen, einfach weil sie einst ihr Zuhause darstellten. Weil Er dies wusste, wird unser liebender Gott sie nur in einen anderen Teil des Universums verschieben und sich ihrer nicht vollständig entledigen.

Das Universum, in dem Sie leben, ist endlos. Außerdem gibt es nicht nur ein Universum, sondern viele. Gott wird also den ersten Himmel und die erste Erde an eine andere Ecke verschieben und es Seinen Kindern erlauben, sie wenn nötig zu besuchen.

Weder Tränen noch Leid, weder Tod noch Krankheiten

Im neuen Himmel und auf der neuen Erde, wo die durch Glauben erretteten Kinder Gottes leben werden, herrscht kein Fluch sondern Segen. In der Offenbarung 21,3-4 lesen wir, dass es im Himmel weder Tränen noch Leid, noch Tod, noch Trauer oder Krankheiten geben wird, weil Gott dort ist:

Und ich hörte eine laute Stimme vom Thron her sagen:
Siehe, das Zelt Gottes bei den Menschen! Und er wird
bei ihnen wohnen, und sie werden sein Volk sein, und
Gott selbst wird bei ihnen sein, ihr Gott. Und er wird
jede Träne von ihren Augen abwischen, und der Tod
wird nicht mehr sein, noch Trauer, noch Geschrei, noch
Schmerz wird mehr sein: denn das Erste ist vergangen.

Wie traurig wäre es, wenn Sie am Verhungern wären und Ihre Kinder nach Essen schreien würden, weil sie Hunger hätten. Was würde es da nützen, wenn jemand zu Ihnen sagte: „Ihr Hunger ist so groß, dass Sie deswegen weinen müssen?" und dann Ihre Tränen wegwischen würde, ohne Ihnen etwas zu Essen zu geben? Was wäre es, das Ihnen in diesem Falle wirklich helfen würde? Derjenige müsste Ihnen etwas zu Essen geben, damit Sie und Ihre Kinder nicht verhungern. Erst danach würden Sie und Ihre Kinder aufhören zu weinen.

Wenn es also heißt, dass Gott auch Ihnen alle Tränen abwischen wird, vorausgesetzt Sie sind errettet und kommen in den Himmel, dann bedeutet es gleichermaßen, dass es dort keine Sorgen mehr geben wird – eben weil es im Himmel keine Tränen, kein Leid, keinen Tod, keine Trauer und keine Krankheiten gibt.

Andererseits werden Sie auf dieser Erde, egal ob Sie an Gott glauben oder nicht, unter gewissen Dingen leiden. Weltlich eingestellte Menschen trauern mächtig, selbst bei dem geringsten Maß an Verlust, das sie erleiden, während diejenigen, die gläubig sind, voller Liebe und Barmherzigkeit traurig sind in Bezug auf die, die noch nicht gerettet sind.

Aber wenn Sie erst einmal im Himmel sind, brauchen Sie sich keine Sorgen mehr zu machen, weder über den Tod noch darüber, dass andere Leute sündigen und den ewigen Tod erleiden müssen. Sie werden nicht mehr wegen der Sünde leiden und dementsprechend ist alles Leiden beendet.

Auf der Erde seufzt man, wenn man von Traurigkeit erfüllt ist. Aber im Himmel braucht niemand mehr zu seufzen, denn dort wird es keinerlei Leiden oder Sorgen mehr geben. Dort herrscht allein ewige Seeligkeit.

Der Strom vom Wasser des Lebens

Im Himmel fließt der kristallklare Strom vom Wasser des Lebens mitten in der großen Straße. In Offenbarung 22,1-2 lesen wir eine Erklärung über den Strom vom Wasser des Lebens. Allein sich das vorzustellen, sollte Sie glücklich machen:

Und er zeigte mir einen Strom von Wasser des Lebens, glänzend wie Kristall, der hervorging aus dem Thron Gottes und des Lammes. In der Mitte ihrer Straße und des Stromes, diesseits und jenseits, war der Baum des Lebens, der zwölf mal Früchte trägt und jeden Monat seine Frucht gibt; und die Blätter des Baumes sind zur Heilung der Nationen.

Ich war einmal in einem sehr klaren Teil des Pazifiks schwimmen und das Wasser war so rein, dass ich die Pflanzen und Fische darin sehen konnte. Es war wunderschön und ich war sehr froh, das erleben zu dürfen. Sogar hier auf der Erde kann man sich erfrischt und sauber fühlen, wenn man in klarem

Wasser schwimmt. Wie viel glücklicher muss man wohl sein, wenn man im Strom vom Wasser des Lebens ist, der tatsächlich kristallklar ist und dort in der Mitte der Straße fließt!

Der Strom vom Wasser des Lebens

Wenn Sie hier auf der Erde ein sauberes Meer betrachten, sehen Sie, wie der Sonnenschein an den sanften Wellen reflektiert wird und es herrlich glitzert. Im Himmel sieht der Strom vom Wasser des Lebens aus der Ferne blau aus. Wenn Sie ihn aber aus der Nähe betrachten, ist er so klar, schön, sauber und rein, dass man ihn wirklich nur als „kristallklar" beschreiben kann.

Warum geht der Strom vom Wasser des Lebens aus dem Thron Gottes und des Lammes hervor? Geistlich gesehen steht Wasser für das Wort Gottes, die Speise des Lebens. Sie erlangen das ewige Leben durch das Wort Gottes. In Johannes 4,14 sagt Jesus: *„wer aber von dem Wasser trinken wird, das ich ihm geben werde, den wird nicht dürsten in Ewigkeit; sondern das Wasser, das ich ihm geben werde, wird in ihm eine Quelle Wassers werden, das ins ewige Leben quillt."*

Gottes Wort ist das Wasser des ewigen Lebens, das Ihnen Leben schenkt und darum geht der Strom vom Wasser des Lebens aus dem Thron Gottes und des Lammes hervor.

Wie wird das Wasser des Lebens schmecken? Es ist so gut, dass man es hier in dieser Welt nicht nachvollziehen kann. Wenn Sie es erst einmal getrunken haben, werden Sie sich total erfrischt fühlen. Gott gab den Menschen das Wasser des Lebens, doch nach der Sünde Adams geriet das Wasser auf der Erde wie alle anderen Dinge unter den Fluch. Seither können die Menschen hier auf Erden das Wasser des Lebens nicht mehr haben. Erst wenn Sie in den Himmel kommen, können Sie es probieren.

Hier auf der Erde müssen die Menschen verschmutztes Wasser trinken und sie ziehen künstliche Getränke wie Limonaden vor. Das Wasser hier auf Erden kann auch kein ewiges Leben spenden; das kann nur das Wasser des Lebens im Himmel, das heißt Gottes Wort. Es ist süßer als Honig und Honigseim und es erquickt Ihren Geist.

Der Strom fließt durch den ganzen Himmel

Den Strom vom Wasser des Lebens, der aus dem Thron Gottes und des Lammes hervorgeht, kann man mit dem Blutkreislauf im menschlichen Körper vergleichen, der diesen am Leben erhält. Er fließt durch den gesamten Himmel und zwar in der Mitte der Straße und dann zurück zum Thron Gottes. Aber warum fließt der Strom vom Wasser des Lebens durch den ganzen Himmel in der Mitte der Straße?

Erstens ist der Strom vom Wasser des Lebens der einfachste Weg zu Gottes Thron. Daher braucht man nur der goldenen Straße diesseits oder jenseits des Stromes zu folgen, um im neuen Jerusalem zum Thron Gottes zu gelangen.

Zweitens steckt der Weg zum Himmel im Wort Gottes und Sie können nur in den Himmel kommen, wenn Sie dem in Gottes Wort beschriebenen Weg folgen. Jesus sagte in Johannes 14,6: „Ich bin der Weg und die Wahrheit und das Leben. Niemand kommt zum Vater als nur durch mich." Es gibt tatsächlich einen Weg in den Himmel, der in Gottes Wort, welches die Wahrheit ist, beschrieben wird. Wenn Sie entsprechend Gottes Wort leben, können Sie in den Himmel gelangen, wo Gottes Wort, also der Strom vom Wasser des Lebens, fließt.

Gott hat den Himmel so angelegt, dass man, wenn man dem

Strom vom Wasser des Lebens folgt, im neuen Jerusalem, wo sich Gottes Thron befindet, ankommt.

Gold- und silberfarbener Sand am Flussufer

Was wird es am Ufer des Stroms vom Wasser des Lebens geben? Zunächst werden Sie den weit ausgedehnten gold- und silberfarbenen Sandstrand sehen. Im Himmel ist der Sand ganz rund und glatt und so weich, dass er nicht an der Kleidung hängen bleibt, wenn man darin herumtollt.

Außerdem gibt es viele bequeme mit Gold und Silber dekorierte Bänke. Wenn Sie sich mit lieben Freunden auf die Bank setzen und sich angenehm unterhalten, werden Ihnen anmutige Engel dienen.

Hier auf der Erde bewundern wir Engel, aber im Himmel werden Sie von den Engeln, die Ihnen zu Diensten sind, aufs Höflichste und mit Respekt behandelt. Wenn Sie etwas Obst haben möchten, bringt Ihnen ein Engel einen mit Juwelen oder Blumen geschmückten Korb und überreicht Ihnen selbigen augenblicklich.

Außerdem gibt es an beiden Ufern wunderschöne Blumen in allen möglichen Farben, dazu Vögel, Insekten und andere Tiere. Auch diese dienen Ihnen und Sie können sie lieb haben. Wie wunderbar und herrlich der Himmel mit dem Strom vom Wasser des Lebens doch ist!

Der Baum des Lebens zu beiden Seiten des Stromes

In der Offenbarung 22,2 finden wir Einzelheiten über den Baum des Lebens zu beiden Seiten des Stromes vom Wasser des Lebens:

In der Mitte ihrer Straße und des Stromes, diesseits und jenseits, war der Baum des Lebens, der zwölf mal Früchte trägt und jeden Monat seine Frucht gibt; und die Blätter des Baumes sind zur Heilung der Nationen.

Warum hat Gott den Baum des Lebens, der jedes Jahr zwölf Mal Früchte trägt, dies- und jenseits des Stromes gepflanzt?

Hauptsächlich wollte Gott, dass alle Seine Kinder, die in den Himmel kommen, die Schönheit und das Leben im Himmel genießen. Außerdem wollte Er sie daran erinnern, dass sie selbst die Frucht des Heiligen Geistes immer dann hervorgebracht haben, wenn sie entsprechend Gottes Wort gehandelt haben – so wie sie auch im Schweiße ihres Angesichts natürliche Ernten eingefahren haben.

Eines muss Ihnen hier klar sein. Dass es zwölf Ernten gibt, bedeutet nicht, dass ein Baum zwölf Mal trägt, sondern dass zwölf verschiedene Bäume des Lebens jeweils ihre Früchte tragen. In der Bibel lesen wir, dass die zwölf Stämme Israels durch die zwölf Söhne Jakobs gezeugt wurden und dass durch diese zwölf Stämme das israelische Volk entstand; ebenso sind alle Nationen, die sich zum Christentum bekannt haben, überall auf der Welt entstanden. Auch Jesus wählte zwölf Männer aus. Durch diese Jünger - und durch deren Jünger - wurde das Evangelium in alle Nationen getragen.

Die zwölf Ernten vom Baum des Lebens stehen symbolisch dafür, dass alle Menschen aus welcher Nation auch immer, die Frucht des Heiligen Geistes hervorbringen und in den Himmel kommen können, wenn sie im Glauben wandeln.

Wenn Sie von den schönen, farbenprächtigen Früchten vom Baum des Lebens essen, werden Sie sich erfrischt fühlen und glücklich sein. Wenn Sie eine Frucht gepflückt haben, wird sie sofort von einer neuen ersetzt, das heißt die Früchte gehen nie aus. Die Blätter vom Baum des Lebens sind dunkelgrün und glänzen; sie werden auch in alle Ewigkeit so aussehen, denn sie fallen nie ab und werden auch nicht gegessen. Diese glänzend grünen Blätter sind viel größer als die Blätter auf den Bäumen hier auf Erden und sie wachsen in geordneten Bahnen.

Der Thron Gottes und des Lammes

In der Offenbarung 22,3-5 wird beschrieben, dass sich der Thron Gottes und des Lammes mitten im Himmel befinden:

Und keinerlei Fluch wird mehr sein; und der Thron Gottes und des Lammes wird in ihr sein; und seine Knechte werden ihm dienen, und sie werden sein Angesicht sehen; und sein Name wird an ihren Stirnen sein. Und Nacht wird nicht mehr sein, und sie bedürfen nicht des Lichtes einer Lampe und des Lichtes der Sonne, denn der Herr, Gott, wird über ihnen leuchten, und sie werden herrschen von Ewigkeit zu Ewigkeit.

Der Thron in der Mitte des Himmels

Der Himmel ist der ewige Ort, an dem Gott mit Liebe und Gerechtigkeit regiert. Das neue Jerusalem befindet sich im Zentrum des Himmels, wo sich der Thron Gottes und des Lammes befindet. Mit dem Lamm ist Jesus Christus gemeint (2. Mose 12,5; Johannes 1,29; 1. Petrus 1,19).

Nicht jeder kann an den Ort, an dem Gott sich gewöhnlich aufhält. Der befindet sich nämlich in einer anderen Dimension als das neue Jerusalems. Der Thron Gottes dort ist so viel schöner und heller als der im neuen Jerusalem.

Der Thron Gottes im neuen Jerusalem ist der Ort, an den Gott selbst herabsteigt, wenn Ihn Seine Kinder anbeten oder ein Mahl feiern. In der Offenbarung 4,2-3 wird beschrieben, dass Gott dort auf Seinem Thron sitzt.

> *Sogleich war ich im Geist: und siehe, ein Thron stand im Himmel, und auf dem Thron saß einer. Und der da saß, war von Ansehen gleich einem Jaspisstein und einem Sarder, und ein Regenbogen war rings um den Thron, von Ansehen gleich einem Smaragd.*

Um den Thron herum sitzen die vierundzwanzig Ältesten in weißen Gewändern. Auf ihren Häuptern tragen sie goldene Kronen. Vor dem Thron sind die sieben Geister Gottes und der gläserne, glasklare See. In der Mitte des Thrones und darum herum sind die vier lebendigen Wesen sowie die himmlischen Heerscharen der Engel.

Außerdem ist Gottes Thron in Licht gehüllt. Er ist so wunderschön, erstaunlich, majestätisch, würdevoll und riesig, dass wir als Menschen es nicht wirklich erfassen können. Auf der rechten Seite von Gottes Thron ist der Thron des Lammes, unseres Herrn Jesus Christus. Er unterscheidet sich vom Thron Gottes, doch der Gott der Dreieinigkeit – der Vater, der Sohn und der Heilige Geist – hat dasselbe Herz, die gleichen Eigenschaften und die gleiche Macht.

Weitere Einzelheiten über Gottes Thron werden im zweiten Band unter dem Titel „*Der Himmel: Erfüllt von Gottes Herrlichkeit*" beschrieben.

Weder Nacht noch Tag

Gott regiert mit Liebe und Gerechtigkeit über den Himmel und das Universum von Seinem Thron aus, der im heiligen Licht der Herrlichkeit erstrahlt – hell und wunderschön. Der Thron ist in der Mitte des Himmels und neben dem Thron Gottes ist der Thron des Lammes, der ebenfalls im Licht der Herrlichkeit erstrahlt. Darum braucht der Himmel weder Sonne noch Mond noch irgendein anderes Licht oder gar Strom, um hell zu erstrahlen. Im Himmel gibt es weder Nacht noch Tag.

In Hebräer 12,14 heißt es übrigens: *„Jagt dem Frieden mit allen nach und der Heiligung, ohne die niemand den Herrn schauen wird."* Und in Matthäus 5,8 versprach Jesus: *„Glückselig, die reinen Herzens sind, denn sie werden Gott schauen."*

Deshalb werden alle Gläubigen, die alles Böse aus ihrem Herzen vertreiben und Gottes Wort ganz gehorchen, Sein Angesicht sehen können. In dem Maße, wie sie Botschafter des Herrn sind, werden sie hier auf der Welt gesegnet sein und auch im Himmel umso näher bei Gottes Thron leben.

Wie froh wohl die Menschen sein werden, wenn sie Gottes Angesicht sehen, Ihm dienen und in Ewigkeit Seine Liebe mit Ihm werden teilen können! Hier können wir nicht direkt in die Sonne schauen können, weil sie so gleißend hell strahlt; genauso wenig können dort diejenigen, die das Herz des Herrn nicht widerspiegeln, Gott aus der Nähe betrachten.

Wahres Glück im Himmel – in Ewigkeit

Im Himmel werden Sie in jeglicher Hinsicht glücklich

15

sein, denn es ist das beste Geschenk, das Gott in Seiner überschwänglichen Liebe für Seine Kinder vorgesehen hat.

Die Engel werden den Kindern Gottes dienen – so wie es im Hebräer 1,14 geschrieben steht: „Sind sie nicht alle dienstbare Geister, ausgesandt zum Dienst um derer willen, die das Heil erben sollen?" Da die Menschen aber ein unterschiedliches Maß an Glauben haben, werden sich die Größe der Häuser und die Anzahl der dienstbaren Geister unterscheiden, je nach dem wie sehr jemand Gott ähnlich geworden war.

Sie werden wie Prinzen und Prinzessinnen bedient werden, denn die Engel werden die Gedanken ihrer Herren, denen sie zugeteilt worden sind, lesen und alles, was diese wünschen, vorbereiten. Außerdem werden Tiere und Pflanzen die Kinder Gottes lieben und ihnen dienen. Im Himmel werden die Tiere den Kindern Gottes bedingungslos gehorchen und manchmal werden sie ihnen zuliebe etwas Lustiges tun; dort steckt nichts Böses in den Tieren.

Wie steht es mit den Pflanzen im Himmel? Jede Pflanze hat einen wunderbaren und einzigartigen Duft und jedes Mal, wenn ein Kind Gottes sich einer von ihnen nähert, setzt sie ihren Duft frei. Von den Blumen strömt der allerschönste Duft zu Gottes Kindern und er breitet sich bis an entlegene Orte aus. Auch wird der Duft sofort wieder reproduziert, sobald er versprüht worden ist.

Die Früchte der zwölf verschiedenen Lebensbäume haben auch jeweils ihren eigenen Geschmack. Wenn Sie den Duft ihrer Blüten riechen oder von den Früchten des Baumes des Lebens essen, werden Sie sich so erfrischt und glücklich fühlen, dass Sie es mit nichts auf dieser Welt vergleichen können.

Anders als die Blumen hier auf der Erde lächeln die Blumen im Himmel die Kinder Gottes an, wenn sie an ihnen vorbeigehen. Sie tanzen sogar vor ihren Herren und die Menschen können sich auch mit ihnen unterhalten. Selbst wenn jemand eine Blume pflückt, wird sie nicht verletzt oder traurig sein, sondern durch die Macht Gottes wieder hergestellt werden. Gepflückte Blumen lösen sich in Luft auf und verschwinden so. Die Früchte, die die Menschen essen, lösen sich ebenso in wunderbare Düfte auf und verschwinden beim Ausatmen wieder.

Im Himmel gibt es vier Jahreszeiten und die Menschen können sich am Wechsel der Jahreszeiten erfreuen. Die Menschen können die Liebe Gottes spüren und sich über die Besonderheiten von Frühling, Sommer, Herbst und Winter freuen. Vielleicht fragen Sie sich: „Werden wir im Himmel noch unter der Sommerhitze oder der Kälte des Winters leiden müssen?" Nein, das Wetter im Himmel stellt die besten Lebensbedingungen für Gotteskinder dar. Sie werden weder unter heißem noch unter kaltem Wetter leiden. Geistliche Leiber können weder an kalten noch an heißen Orten die Temperatur wahrnehmen, allerdings können sie kühle und warme Luft spüren. Das heißt im Himmel wird niemand unter Hitze oder Kälte leiden müssen.

Im Herbst dürfen sich die Kinder Gottes über das wunderschöne Laub freuen und im Winter weißen Schnee sehen. Sie werden sich an Dingen erfreuen, die schöner sind als sonst irgendetwas auf dieser Welt. Es gibt einen Grund dafür, dass Gott auch im Himmel vier Jahreszeiten eingerichtet hat: Er wollte, dass Seine Kinder wissen, dass ihnen im Himmel alles, was sie sich wünschen, zur Verfügung steht. Es ist auch ein Beispiel dafür, dass Er Seine Kinder liebt und möchte, dass ihren Wünschen entsprochen wird, wenn sie die Erde vermissen, auf der sie aufwuchsen, bis sie zu echten Kindern Gottes wurden.

Der Himmel befindet sich in einer vierdimensionalen Welt, die mit dieser Welt hier nicht verglichen werden kann. Sie ist gefüllt mit Gottes Liebe und Macht und es gibt endlose Ereignisse und Aktivitäten, die sich die Menschen hier gar nicht vorstellen können. Über das immerwährende glückliche Leben der Gläubigen im Himmel werden Sie in Kapitel 5 noch mehr erfahren.

Nur diejenigen, deren Namen im Buch des Lebens des Lammes geschrieben stehen, kommen in den Himmel. In der Offenbarung 21,6-8 lesen wir, dass nur diejenigen, die das Wasser des Lebens trinken und ein Kind Gottes werden, das Königreich Gottes erben können.

> *Es ist geschehen. Ich bin das Alpha und das Omega, der Anfang und das Ende. Ich will dem Dürstenden aus der Quelle des Wassers des Lebens geben umsonst. Wer überwindet, wird dies erben, und ich werde ihm Gott sein, und er wird mir Sohn sein. Aber den Feigen und Ungläubigen und mit Greueln Befleckten und Mördern und Unzüchtigen und Zauberern und Götzendienern und allen Lügnern ist ihr Teil in dem See, der mit Feuer und Schwefel brennt, das ist der zweite Tod.*

Eine essentielle Pflicht des Menschen ist es, Gott zu fürchten und Seine Gebote zu halten (Prediger 12,13). Wenn Sie also Gott nicht fürchten (das heißt in Ehrfurcht vor Ihm stehen) und Sein Wort brechen oder einfach munter weiter sündigen, obwohl Sie wissen, dass Sie sündigen (oder in der Sünde leben), dann können Sie nicht in den Himmel kommen. Böse Menschen,

Mörder, Ehebrecher, Zauberer und Götzendiener, bei denen vom gesunden Menschenverstand nichts mehr übrig ist, werden ganz sicher nicht in den Himmel kommen. Sie haben Gott ignoriert, Dämonen gedient und an fremde Götzen geglaubt und sind damit dem Feind, das heißt Satan, gefolgt.

Auch diejenigen, die Gott belügen oder betrügen und schlecht über den Heiligen Geist reden oder Ihm lästern, werden nicht in den Himmel kommen. Wie in meinem Buch *Die Hölle* beschrieben, werden diese Menschen in der Hölle für ewig bestraft.

Darum bete ich in Jesu Namen, dass Sie Jesus Christus nicht nur annehmen und damit das Recht erlangen, ein Kind Gottes zu werden, sondern auch, dass Sie einst, weil Sie dem Wort Gottes hier gehorchten, in der Ewigkeit das Glück des Himmel erleben werden, der so wunderschön und kristallklar ist.

Kapitel 2

Der Garten Eden und der Wartesaal des Himmels

Und Gott, der HERR, pflanzte einen Garten
in Eden im Osten,
und er setzte dorthin den Menschen,
den er gebildet hatte.
Und Gott, der HERR, ließ aus dem Erdboden
allerlei Bäume wachsen,
begehrenswert anzusehen und gut zur Nahrung,
und den Baum des Lebens in der Mitte des Gartens,
und den Baum der Erkenntnis des Guten und Bösen.

- 1. Mose 2,8-9

Adam, der erste Mensch, den Gott schuf, lebte im Garten Eden als ein lebendiger Geist, der mit Gott kommunizierte. Nachdem eine lange Zeitspanne verstrichen war, beging Adam die Sünde des Ungehorsams, indem er eine Frucht vom Baum der Erkenntnis des Guten und des Bösen aß, was Gott verboten hatte. Das Ergebnis war, dass sein Geist, der „Herr" oder „Meister" des Menschen, starb. Adam wurde aus dem Garten Eden vertrieben und musste auf dieser Erde leben. Der Geist von Adam und Eva starb und die Kommunikation mit Gott war unterbrochen. Wie sehr müssen sie wohl den Garten Eden vermisst haben, als sie dann auf dem verfluchten Ackerland leben mussten?

Dem allwissenden Gott war schon vorher klar, dass Adam ungehorsam sein würde und Er hatte Jesus Christus und den Weg zur Errettung bereits für die vorgesehene Zeit vorbereitet. Jeder durch Glauben errettete Mensch wird den Himmel erben, der mit nichts vergleichbar ist – nicht einmal mit dem Garten Eden.

Nachdem Jesus auferstanden und in den Himmel aufgefahren war, bereitete Er zunächst einen Wartesaal vor – einen Ort, an dem die Erretteten bis zum Tag des Jüngsten Gerichtes verweilen, während Er ihnen eine Wohnstätte bereitet. Lassen Sie uns den Garten Eden und den Wartesaal des Himmels betrachten, um den Himmel besser verstehen zu können.

Der Garten Eden, in dem Adam lebte

In 1. Mose 2,8-9 wird der Garten Eden beschrieben. Das ist der Ort, an dem der erste Mensch, den Gott geschaffen hatte, und seine Frau, also Adam und Eva, lebten.

Und Gott, der HERR, pflanzte einen Garten in Eden im Osten, und er setzte dorthin den Menschen, den er gebildet hatte. Und Gott, der HERR, ließ aus dem Erdboden allerlei Bäume wachsen, begehrenswert anzusehen und gut zur Nahrung, und den Baum des Lebens in der Mitte des Gartens, und den Baum der Erkenntnis des Guten und Bösen.

Der Garten Eden war ein Ort, an dem Adam, ein lebendiger

Geist, leben sollte; deshalb muss er irgendwo in der geistlichen Welt angelegt gewesen sein. Wo befindet sich dann heute der echte Garten Eden, das Zuhause des ersten Menschen, also das von Adam?

Die Lage des Garten Eden

Gott erwähnte „Himmel" an vielen Stellen in der Bibel, um Sie wissen zu lassen, dass es in der geistlichen Welt hinter dem natürlichen Firmament, das Sie mit dem bloßen Auge sehen können, tatsächlich weitere Orte gib. Er benutzte den Plural, „die Himmel", damit Sie die Orte in der geistlichen Welt erfassen können.

Siehe, dem HERRN, deinem Gott, gehören die Himmel und die Himmel der Himmel, die Erde und alles, was in ihr is (5. Mose 10,14).

Er [Gott] ist es, der die Erde gemacht hat durch seine Kraft, der den Erdkreis gegründet durch seine Weisheit und die Himmel ausgespannt durch seine Einsicht (Jeremia 10,12).

Lobt ihn, ihr Himmel der Himmel und ihr Wasser, die ihr oberhalb der Himmel seid! (Psalm 148,4).

So sollte Ihnen bewusst sein, dass mit „Himmel" oder „Firmament" nicht nur der mit bloßem Auge sichtbare Himmel gemeint ist. Es ist der erste Himmel, in dem sich Sonne, Mond und Sterne befinden. Dahinter gibt es den zweiten und den dritten Himmel, die zur geistlichen Welt gehören. Im 2.

Korinther 12 spricht der Apostel Paulus vom dritten Himmel.
Der gesamte Himmel vom Paradies bis zum neuen Jerusalem ist
der dritte Himmel.

Der Apostel Paulus hatte das Paradies gesehen, also den Ort,
an dem diejenigen sein werden, die den geringsten Glauben
haben. Es ist der Ort, der am weitesten von Gottes Thron
entfernt ist. Dort hörte er von den Geheimnissen des Himmels.
Dennoch bekannte er, dass er dort Dinge gesehen hatte, „die
auszusprechen einem Menschen nicht zusteht."

Welche Art von geistlicher Welt ist dann der zweite Himmel?
Er unterscheidet sich vom dritten Himmel; dort befindet
sich der Garten Eden. Die meisten Menschen meinen, der
Garten Eden befinde sich auf dieser Erde. Viele Bibellehrer und
Forscher haben archäologische Untersuchungen und Studien
um Mesopotamien herum gemacht ebenso wie um die im
Nahen Osten gelegenen Ströme Euphrat und Tigris. Bisher
haben sie aber noch nichts entdecken können. Warum haben die
Menschen den Garten Eden auf dieser Erde noch nicht finden
können? Weil er sich im zweiten Himmel in der geistlichen Welt
befindet.

Der zweite Himmel ist auch der Ort, an dem sich die bösen
Geister befinden, die nach der Rebellion von Luzifer aus dem
dritten Himmel vertrieben worden waren. In 1. Mose 3,24
heißt es: „*Und er trieb den Menschen aus und ließ östlich
vom Garten Eden die Cherubim sich lagern und die Flamme
des zuckenden Schwertes, den Weg zum Baum des Lebens
zu bewachen.*" Gott tat dies, damit die bösen Geister nicht in
den Garten Eden eindringen und vom Baum des Lebens essen
würden, wodurch sie das ewige Leben erlangt hätten.

Die Pforten zum Garten Eden

Sie dürfen nicht meinen, der zweite Himmel sei über dem ersten und der dritte über dem zweiten. Man kann den Raum in der vierdimensionalen Welt und darüber hinaus nicht mit dem Verständnis oder Erkenntnissen aus der dreidimensionalen Welt erfassen. Wie sind die verschiedenen Himmel dann strukturiert? Die dreidimensionale Welt, die Sie sehen können, und die geistlichen Himmel sind zwar scheinbar getrennt, aber dennoch gibt es Überlappungen; sie sind miteinander verbunden. Es gibt Tore oder Pforten, die die dreidimensionale Welt mit der geistlichen Welt verbinden.

Auch wenn Sie sie nicht sehen können, gibt es Pforten, die den ersten Himmel mit dem Garten Eden im zweiten Himmel verbinden. Es gibt auch Pforten, die weiter in den dritten Himmel führen. Diese Pforten sind nicht sehr hoch gelegen, sondern vielmehr auf der Höhe der Wolken, die man vom Flugzeug aus sehen kann.

In der Bibel können Sie erfahren, dass es Pforten in den Himmel gibt (1. Mose 7,11; 2. Könige 2,11; Lukas 9,28-36; Apostelgeschichte 1,9; 7,56). Wenn sich die Himmelspforten also öffnen, ist es möglich sich in verschiedene Himmel in der geistlichen Welt zu begeben und diejenigen, die durch Glauben gerettet sind, können in den dritten Himmel eintreten.

Das gleiche trifft für den Hades und die Hölle zu. Auch diese Orte gehören zur geistlichen Welt und es gibt Pforten, die zu diesen Orten führen. Wenn Menschen ohne Glauben sterben, gehen sie entweder in den Hades, der zur Hölle gehört, oder direkt in die Hölle – und zwar durch diese Pforten.

Geistliche und physische Dimensionen existieren nebeneinander

Der Garten Eden, der zum zweiten Himmel gehört, befindet sich in der geistlichen Welt, unterscheidet sich aber von der geistlichen Welt im dritten Himmel. Es handelt sich nicht um eine rein geistliche Welt, weil sie neben der physischen Welt existieren kann.

Mit anderen Worten ist der Garten Eden in der Mitte zwischen der physischen und der geistlichen Welt gelegen. Der erste Mensch, Adam, war ein lebendiger Geist, aber er hatte dennoch einen physischen Körper, der aus Erde geformt worden war. Adam und Eva waren fruchtbar und vermehrten sich dort zahlenmäßig, indem sie wie wir Kinder bekamen (1. Mose 3,16).

Selbst nachdem der erste Mensch, Adam, vom Baum der Erkenntnis des Guten und des Bösen gegessen hatte und aus jener Welt vertrieben worden war, bleiben seine Kinder im Garten Eden und leben da noch heute als lebendige Seelen, die den Tod nicht erleben werden. Der Garten Eden ist ein sehr friedvoller Ort, wo es keinen Tod gibt. Dort herrscht Gottes Macht und alles läuft nach den Regeln und Ordnungen ab, die Gott festgelegt hat. Auch wenn es dort keinen Unterschied zwischen Tag und Nacht gibt, wissen die Nachkommen Adams ganz natürlich, wann es Zeit ist, aktiv zu sein, wann man ruht und so weiter.

Der Garten Eden hat auch zahlreiche Gemeinsamkeiten mit der Erde. Dort gibt es viele Pflanzen, Tiere und Insekten. Die endlose Natur dort ist wunderschön. Allerdings gibt es da keine hohen Berge, sondern nur niedrige Hügel. Auf diesen Hügeln gibt es wohnhäuserähnliche Gebäude. Darin ruhen sich die Menschen zwar aus, leben aber nicht da.

Ferienort für Adam und seine Kinder

Der erste Mensch, Adam, lebte für eine sehr lange Zeit im Garten Eden, war fruchtbar und vermehrte sich zahlenmäßig. Da Adam und seine Kinder ein lebendiger Geist waren, konnten sie durch die Tore des zweiten Himmels leicht auf diese Erde herunterkommen.

Adam und seine Kinder nutzten die Erde lange Zeit als Urlaubsort. Somit sollte Ihnen bewusst sein, dass die Geschichte der Menschheit sehr weit zurückreicht. Einige verwechseln diese Geschichte mit der 6.000 jährigen Zeitspanne, in der Gott den Menschen nun schon erzieht; sie glauben den Berichten der Bibel nicht.

Wenn Sie die geheimnisvollen alten Kulturen genauer studieren, wird Ihnen klar werden, dass Adam und seine Kinder oft auf diese Erde herabgekommen sein müssen. Die Pyramiden und die Sphinx von Gizeh in Ägypten beispielsweise, sind auch Hinterlassenschaften von Adam und seinen Kinder, die im Garten Eden lebten. Solche „Fußstapfen", die auf der ganzen Welt zu finden sind, wurden mit einer so ausgeklügelten und fortgeschrittenen Wissenschaft und Technik konzipiert und konstruiert, dass man sie nicht einmal heute mit all unseren modernen wissenschaftlichen Erkenntnissen nachbauen könnte.

Zum Beispiel stecken in den Pyramiden so wunderbare mathematische Kalkulationen, so viele geometrische und astronomische Erkenntnisse, dass man sie nur auf einer äußerst fortgeschrittenen wissenschaftlichen Ebene wieder finden kann. Sie enthalten viele Geheimnisse, die man nur nachvollziehen kann, wenn man die Konstellationen und die Zyklen des Universums genau kennt. Manche betrachten diese mysteriösen alten Hinterlassenschaften als das Werk von Außerirdischen, aber mit der Bibel kann man alle Fragen beantworten, auch wenn die Wissenschaft keine Erklärung dafür haben mag.

Fußabdrücke der Menschheit in Eden

Adam verfügte im Garten Eden über ein unvorstellbares Ausmaß an Wissen und Fertigkeiten. Der Grund dafür war, dass Gott Adam wirklich unterwiesen hatte. Diese Erkenntnisse, dieses Verständnis sammelte und entwickelte er im Laufe der Zeit. Es war also für Adam, der alles über das Universum wusste und sich die Erde Untertan gemacht hatte, überhaupt kein Problem, die Pyramiden und Sphinx zu bauen. Da Gott Adam selbst lehrte, wusste der erste Mensch Dinge, die wir trotz aller modernen Wissenschaft immer noch nicht gelernt oder begriffen haben.

Einige Pyramiden wurden mit Hilfe von Adams Fertigkeiten und Wissen erbaut, anderen von seinen Kindern und andere wiederum von Menschen auf dieser Erde, die viel später versuchten, Adams Pyramiden nachzuahmen. All diese Pyramiden weisen krasse Unterschiede in Bezug auf ihre Konstruktion auf. Das liegt daran, dass nur Adam selbst die Autorität hatte, sich alle Schöpfung Untertan zu machen.

Adam lebte für eine sehr lange Zeit im Garten Eden und kam ab und zu auf diese Erde herunter; aber nachdem er die Sünde des Ungehorsams begangen hatte, wurde er aus dem Garten vertrieben. Allerdings verschloss Gott die Pforten, die die Erde mit dem Garten Eden verbinden, erst nach einer gewissen Zeit.

Dadurch konnten Adams Kinder, die noch im Garten Eden lebten, einfach weiter zur Erde kommen. Als sie dann immer öfter kamen, nahmen sie sich die Menschentöchter als Frauen (1. Mose 6,1-4).

Da verschloss Gott die Tore im Himmel, die die Erde mit dem Garten Eden verbinden. Doch das Hin- und Herreisen hörte nicht vollständig auf. Vielmehr fiel es unter eine bis dahin nicht gekannte Kontrolle. Sie müssen wissen, dass die meisten geheimnisvollen und ungelösten alten Kulturen die Fußstapfen von Adam und seinen Kindern sind, die diese hinterließen, als sie noch ungehindert auf die Erde herab kommen konnten.

Die Geschichte der Menschen und Dinosaurier auf der Erde

Wieso konnten Dinosaurier, die auf der Erde lebten, plötzlich aussterben? Hier findet sich auch der Beweis dafür, wie alt die Menschheit eigentlich ist. Dieses Geheimnis kann nur mit Hilfe der Bibel gelöst werden.

Gott hatte tatsächlich Dinosaurier in den Garten Eden gesetzt. Sie waren zahm, wurden aber auf die Erde hinaus getrieben, weil sie in die Falle des Satans fielen. Das war zu der Zeit, als Adam noch uneingeschränkt zwischen der Erde und dem Garten Eden hin- und herreisen konnte. Die Dinosaurier, die auf dieser Erde lebten, mussten ständig nach Nahrung suchen. Anders als zu der Zeit, als sie im Garten Eden lebten, wo alles im Überfluss vorhanden ist, konnte diese Erde einfach nicht so viel Nahrung hervorbringen, dass sie ausgereicht hätte, um die Dinosaurier mit ihren riesigen Körpern ausreichend zu ernähren. Zunächst fraßen sie alles Obst und Getreide und alle anderen Pflanzen auf, dann auch andere Tiere. Sie waren drauf und dran, die Umwelt und die Nahrungskette zu zerstören. Gott beschloss, Dinosaurier nicht mehr auf der Erde leben zu lassen. Er ließ Feuer von oben herabregnen, um sie zu zerstören.

Heute behaupten viele Wissenschaftler, Dinosaurier hätten

lange Zeit auf der Erde gelebt. Sie sagen, Dinosaurier hätten über 160 Millionen Jahre auf der Erde existiert. Allerdings kann keiner von ihnen hinreichend erklären, wieso so viele Dinosaurier sich so plötzlich entwickeln und dann ganz plötzlich wieder aussterben konnten. Des Weiteren stellt sich die Frage, was so große Dinosaurier, die sich über einen so langen Zeitraum entwickelt haben sollen, gefressen haben.

Der Evolutionstheorie zufolge hätten vor der Entstehung von so vielen verschiedenen Dinosauriern noch viel mehr Lebewesen niederer Art da sein müssen. Doch dafür gibt es immer noch keinerlei Beweise. Im Allgemeinen ist es so, dass vor dem Aussterben einer Tierart diese über einen gewissen Zeitraum erst einmal zahlenmäßig abnimmt, bevor sie ganz verschwindet. Die Dinosaurier aber waren plötzlich weg.

Wissenschaftler meinen, dass dies das Ergebnis eines plötzlichen Klimawechsels war oder durch einen Virus kam. Vielleicht auch durch die bei der Explosion eines anderen Sterns entstandene Strahlung oder die Kollision eines großen Meteoriten mit der Erde. Doch wenn solch eine Veränderung in ihren Ausmaßen katastrophal genug war, um alle Dinosaurier auszurotten, hätten auch alle anderen Tiere und Pflanzen mit sterben müssen. Andere Pflanzen, Vögel oder Säugetiere leben aber heute noch; das heißt die Realität spricht gegen die Theorie von der Evolution.

Noch bevor die Dinosaurier auf der Erde erschienen, lebten Adam und Eva im Garten Eden und kamen bisweilen auf die Erde herab. Sie sollten wissen, dass die Erde eine sehr lange Geschichte hat.

Die schöne Natur im Garten Eden

Sie liegen da bequem auf der Seite auf einer Ebene mit schönen Bäumen und frischen Blumen. Ihr ganzer Körper ist sanft von Licht eingehüllt und Sie schauen auf in den blauen Himmel, in dem schneeweiße Wölkchen in allen möglichen Formen dahinschweben. Ein See am unteren Ende eines Hangs glitzert schön und eine sanfte Brise erfüllt vom Duft süßer Blumen zieht rasch an Ihnen vorbei. Sie können sich gut mit Ihren Lieben unterhalten und sind glücklich dabei. Sie können sich auch auf einer weiten Wiese hinlegen oder auf einen Blumenberg und dabei den süßen Duft der Blumen wahrnehmen. Oder aber Sie legen sich im Schatten eines Baumes hin, der viele große, appetitliche Früchte trägt. Sie können davon so viele essen, wie Sie wollen.

Im See und im Meer gibt es viele bunte Fische. Wenn Sie wollen können Sie zum nahe gelegenen Strand gehen und die erfrischenden Wellen oder den weißen Sandstrand, der in der Sonne glitzert, genießen. Wenn Sie wollen, können Sie auch wie ein Fisch im Wasser schwimmen.

Wild, Hasen und Eichhörnchen, allesamt wunderschön, kommen mit glänzenden Augen zu Ihnen und machen lustige Sachen. Auf der großen weiten Ebene spielen viele Tiere friedlich miteinander.

Das ist der Garten Eden, in dem völliger Frieden, Ruhe und Freude herrschen. Viele Menschen auf der Erde würden wahrscheinlich gerne ihr stressiges Leben hier hinter sich lassen, um zumindest einmal diese Art von Frieden und Gelassenheit zu erleben.

Das überfließende Leben im Garten Eden

Die Menschen im Garten Eden können so viel sie wollen essen und Spaß haben, auch wenn sie nicht arbeiten. Es gibt es keine Sorgen, Kümmernisse oder Ängste, denn dort herrschen totale Freude, Wonne und Frieden. Da alles nach Gottes Ordnung läuft, genießen die Menschen das ewige Leben, obwohl sie dafür nicht gearbeitet haben.

Im Garten Eden, dessen Umwelt der der Erde sehr ähnlich ist, gibt es so ziemlich alles, was es auch hier auf Erden gibt. Weil es seit seiner Erschaffung dort aber keine Umweltverschmutzung und keine Veränderungen gab oder gibt, ist die Natur in ihrer Schönheit und Reinheit erhalten geblieben – anders als die auf der Erde.

Obwohl die Menschen im Garten Eden gewöhnlich keine Kleider tragen, empfinden sie keine Scham. Sie haben keine ehebrecherischen Gedanken, denn es gibt weder eine sündige Natur noch Böses in ihrem Herzen. Es ist so, als würde ein kleines Baby nackt spielen – und zwar völlig sorglos und ohne den leisesten Schimmer darüber, was andere denken oder sagen könnten.

Die Umgebung des Garten Edens ist für diese Menschen passend, selbst wenn sie keine Kleidung tragen. Ihnen ist es überhaupt nicht unangenehm, dass sie nackt sind. Es muss dort angenehm sein, denn es gibt keine schädlichen Insekten oder Dornen, die die Haut verletzen könnten!

Einige der Menschen dort tragen Kleider. Sie sind Vorsteher von bestimmten Gruppen. Im Garten Eden gibt es auch Anweisungen und Regeln. In jeder Gruppe gibt es einen Leiter und die Mitglieder müssen ihm gehorchen und folgen. Diese Leiter tragen zwar anders als der Rest der Menschen dort

Kleider, aber nur, um ihre Position anzuzeigen, nicht um sich zu bedecken, zu schützen oder zu schmücken.

In 1. Mose 3,8 lesen wir von einem Temperaturumschwung im Garten Eden: *„Und [der Mensch und seine Frau] hörten die Stimme Gottes, des HERRN, der im Garten wandelte bei der Kühle des Tages. Da versteckten [sie] sich ... vor dem Angesicht Gottes, des HERRN, mitten zwischen den Bäumen des Gartens."* Daran sehen wir, dass die Menschen im Garten Eden „Kühle" fühlen können. Das heißt aber nicht, dass sie an einem glühend heißen Tag schwitzen oder an einem kalten tag unkontrollierbar vor Kälte zittern müssten, wie dies hier auf der Erde der Fall wäre.

Im Garten Eden herrscht immer die angenehmste Temperatur und Luftfeuchtigkeit; selbst der Wind spielt mit. Wetterumschwünge dort sind nicht unangenehm.

Außerdem gibt es im Garten Eden weder Tag noch Nacht. Er ist immer vom Licht von Gott dem Vater umgeben und erfüllt. Man fühlt sich immer, als wäre es Tag. Die Menschen haben dennoch Zeit sich auszuruhen und sie wissen die aktiven Zeiten von den Ruhephasen durch die Änderungen der Temperatur zu unterscheiden.

Die Temperaturen ändern sich auch nicht schlagartig, so dass den Menschen nicht plötzlich heiß oder kalt wird. Stattdessen ist es für sie angenehm, wenn sie sich bei einer angenehmen Brise erholen können.

Die Menschen wachsen auf der Erde auf

Der Garten Eden ist so riesengroß, dass Sie sich seine Ausmaße unmöglich vorstellen können. Er ist rund eine

Milliarde Mal größer als diese Erde. Der erste Himmel, wo die Menschen nur 70 oder 80 Jahre leben können, scheint schon endlos zu sein. Er erstreckt sich von unserm Sonnensystem bis zu den dahinter liegenden Galaxien. Wie viel größer als der erste Himmel muss der Garden Eden wohl sein, wo sich die Menschen vermehren, ohne dass auch nur einer sterben würde!

Und egal wie wunderschön, überreich und riesig der Garten Eden auch sein mag, kann er doch einem Vergleich mit keinem Ort im Himmel nicht standhalten. Selbst das Paradies, praktisch der Wartesaal im Himmel, ist ein viel schönerer Ort voller Glückseligkeit. Das ewige Leben im Garten Eden unterscheidet sich stark vom ewigen Leben im Himmel.

Wir haben Gottes Plan betrachtet ebenso wie einige der Schritte von Adam, der aus dem Garten Eden vertrieben wurde und dann auf der Erde leben musste. Hier konnten Sie sehen, inwieweit sich der Garten Eden vom Wartesaal im Himmel unterscheidet.

Der Baum von der Erkenntnis des Guten und des Bösen im Garten Eden

Der erste Mensch, Adam, konnte alles essen, was er wollte, sich die ganze Schöpfung untertan machen und er hätte ewig im Garten Eden leben können. Wenn Sie aber in 1. Mose 2,16-17 schauen, befiehlt Gott dem Menschen dort folgendes: *„Und Gott, der HERR, gebot dem Menschen und sprach: Von jedem Baum des Gartens darfst du essen; aber vom Baum der Erkenntnis des Guten und Bösen, davon darfst du nicht essen; denn an dem Tag, da du davon ißt, mußt du sterben!"* Gott gab Adam zwar enorm viel Autorität, damit er sich die gesamte Schöpfung untertan machen konnte, und Er gab ihm den freien

Willen, aber Er verbot Adam dennoch streng, vom Baum der Erkenntnis des Guten und des Bösen zu essen. Im Garten Eden gibt es viele farbenprächtige, schöne und köstliche Früchte, die mit denen hier auf Erden nicht vergleichbar sind. Gott überließ alle Früchte der Kontrolle Adams, so dass er davon so viel essen konnte, wie er wollte.

Die Früchte vom Baum der Erkenntnis des Guten und des Bösen bildeten allerdings eine Ausnahme. Daran sollten Sie erkennen, dass Gott zwar schon wusste, dass Adam vom Baum der Erkenntnis des Guten und des Bösen essen würde; aber Er ließ Adam auch nicht einfach allein, damit er munter sündigen würde. Viele Leute missverstehen diesen Punkt. Wenn Gott Adam hätte prüfen wollen, indem er ihm den Baum der Erkenntnis des Guten und des Bösen vor die Nase setzte, wohl wissend, dass Adam es tun würde, hätte er Adam nicht so streng darauf hingewiesen. Daran können Sie erkennen, dass Gott den Baum der Erkenntnis des Guten und des Bösen Adam nicht absichtlich präsentierte, damit dieser davon essen würde.

So steht es auch in Jakobus 1,13: *„Niemand sage, wenn er versucht wird: Ich werde von Gott versucht. Denn Gott kann nicht versucht werden vom Bösen, er selbst aber versucht niemand."* Gott selbst versucht niemanden.

Warum hat Gott dann den Baum der Erkenntnis des Guten und des Bösen dennoch im Garten Eden platziert?

Wenn Sie Freude oder Glück verspüren können, dann darum, weil Sie schon einmal Traurigkeit, Schmerzen und Leiden erlebt haben. Genauso erkennen Sie, dass Güte, Wahrheit und Licht gut sind, weil Sie erfahren haben, dass Bosheit, Unwahrheit und Finsternis schlecht sind.

Wenn Sie diesen Zusammenhang nicht kennen, können Sie im Herzen nicht spüren, wie gut Liebe, Güte und Glück sind, selbst, wenn Sie davon Kopfwissen haben, weil Sie irgendwann einmal davon gehört haben.

Wäre beispielsweise eine Person, die noch nie krank war oder einen Kranken gesehen hat, in der Lage, die von einer Krankheit verursachten Schmerzen nachzuvollziehen? So eine Person würde nicht einmal wissen, dass es, relativ gesehen, gut ist, gesund zu sein. Genauso wenig kann eine Person, die noch nie eine Not hatte oder jemandem mit einer Not begegnet ist, etwas über Armut wissen, oder? So ein Mensch könnte nicht spüren, dass es gut ist, reich zu sein, egal wie reich er sein mag. Ebenso könnte keiner eine wahrhaft dankbare Einstellung aus tiefstem Herzen verspüren, wenn er noch nie Armut erlebt hat.

Wenn jemand den Wert der guten Dinge, die er besitzt, nicht kennt, weiß er auch gar nicht, wie wertvoll sein Glück ist. Wenn aber jemand schmerzliche Krankheiten und das Leid von Armut durchgemacht hat, ist er in der Lage, von Herzen dankbar zu sein für den Segen, gesund und reich zu sein. Das ist der Grund, warum Gott den Baum der Erkenntnis des Guten und des Bösen in den Garten Eden setzen musste.

Adam und Eva, die aus dem Garten Eden vertrieben worden waren, haben also diese Wechselwirkung erlebt und erst dann begriffen, welch große Liebe und Segnungen Gott ihnen ursprünglich schenken wollte. Erst danach konnten sie echte Kinder Gottes werden, die den Wert von wahrem Glück und Leben zu schätzen wussten.

Allerdings ließ Gott Adam diesen Weg nicht absichtlich gehen. Adam entschied sich aus freien Stücken dafür, Gottes Befehl nicht zu gehorchen. Gott hatte in Seiner Liebe und Gerechtigkeit Pläne für die Menschheit geschmiedet.

Gottes Vorsehung für die Menschheit

Als die Menschen aus dem Garten Eden vertrieben wurden und anfingen, auf der Erde zu leben, mussten sie alle möglichen Leiden erleben: Tränen, Sorgen, Schmerzen, Krankheiten und Tod. Aber das führte auch dazu, dass Sie echtes Glück verspüren und später dann das ewige Leben im Himmel genießen konnten, wofür sie voller Dankbarkeit waren.

Es ist demnach ein Beispiel für Gottes wunderbare Liebe und Seinen guten Plan, dass Er uns zu echten Kinder machte – hier auf Erden. Eltern betrachten es nicht als Zeitverschwendung, ihre Kinder zu erziehen und auch zu bestrafen, wenn es einen Unterschied bewirken und dazu führen kann, dass die Kinder einmal erfolgreich sein werden. Auch ist es so, dass – wenn die Kinder an das Herrliche denken, dass sie in der Zukunft bekommen – sie Geduld haben und alle schwierigen Situationen und Hindernisse überwinden werden.

Wenn Sie über das wahre Glück im Himmel nachdenken, dann ist der Lebens, und Lernprozess hier auf der Erde nichts Schwieriges oder Schmerzliches. Stattdessen wären Sie dankbar dafür, dass Sie nach Gottes Wort leben dürfen, denn Sie haben Ihre Hoffnung auf die Herrlichkeit gesetzt, die Sie später genießen werden.

Wer wäre Gott wohl lieber: Diejenigen, die Gott wirklich dankbar sind, nachdem sie auf der Erde Schweres durchgemacht haben, oder die Leute im Garten Eden, die gar nicht richtig einschätzen können, was sie eigentlich haben, obwohl sie in einer wunderschönen Umgebung im Überfluss leben?

Gott erzog Adam, der aus dem Garten Eden vertrieben worden war, und Er erzieht seine Nachkommen auf dieser Erde, damit sie Seine echten Kinder werden. Wenn diese

Erziehungsarbeit vorbei ist und die Wohnungen im Himmel fertig sind, wird der Herr zurückkommen. Wenn Sie dann im Himmel leben, werden Sie in Ewigkeit glücklich sein, denn selbst die niedrigste Ebene im Himmel übertrumpft die Schönheit im Garten Eden um ein Vielfaches.

Darum sollte Ihnen die Vorsehung Gottes im Umgang mit den Menschen klar sein. Sie sollten danach streben, wirklich eins von Seinen Kindern, das nach Seinem Wort handelt, zu werden.

Der Wartesaal des Himmels

Die Nachkommen Adams, die Gott nicht gehorchten, müssen einmal sterben und danach vor dem großen Richterstuhl erscheinen (Hebräer 9,27). Doch der Geist eines jeden Menschen ist unsterblich, das heißt, er geht entweder in den Himmel oder die Hölle.

Allerdings gehen die Menschen nicht direkt in den Himmel oder die Hölle, sondern müssen stattdessen zunächst in einem Wartesaal im Himmel oder in der Hölle bleiben. Was für ein Ort ist dieser Wartesaal im Himmel, wo die Kinder Gottes sich aufhalten?

Am Ende verlässt der Geist den Leib

Wenn eine Person stirbt, verlässt ihr Geist den Leib. Nach dem Eintritt des Todes wird jeder, der dies nicht wusste, äußerst überrascht sein, wenn er oder sie genau dieselbe Person da liegen sieht. Auch wenn es sich um einen Gläubigen handelt, wie merkwürdig wird das für ihn zunächst scheinen, wenn jemandes Geist den eigenen Körper verlässt!

Wenn Sie aus der dreidimensionalen Welt, in der Sie jetzt leben, in die vierdimensionale Welt gehen, dann ist alles ganz anders. Der Körper fühlt sich ganz leicht an und Sie haben das Gefühl, als würden Sie fliegen. Allerdings haben Sie auch dann, wenn Ihr Geist aus dem Leib herausfährt, keine unbegrenzte Freiheit.

So wie auch kleine Vögel nicht sofort fliegen können, obwohl sie schon beim Schlüpfen Flügel hatten, werden auch Sie noch etwas Zeit brauchen, um sich an die geistliche Welt anzupassen und die grundlegenden Dinge zu lernen.

Denen, die im Glauben an Jesus Christus sterben, dienen zwei Engel und sie gehen zunächst in das „obere Grab". Dort lernen sie von den Engeln oder Propheten noch mehr über das Leben im Himmel.

Wenn Sie Ihre Bibel lesen, wird Ihnen klar, dass es zwei Arten von Gräbern gibt. Die Vorväter im Glauben, wie zum Beispiel Jakob und Hiob, sagten, dass sie nach ihrem Ableben ins Grab fahren würden. (1. Mose 37,35; Hiob 7,9). Korach und seine Gruppe, die sich Mose, dem Mann Gottes widersetzten, fuhren lebendig ins Grab. (4. Mose 16,33).

In Lukas 16 werden ein reicher Mann und ein Bettler namens Lazarus beschrieben, die nach dem Sterben ins Grab gingen. Uns ist klar, dass sie nicht in dasselbe „Grab" kamen. Der reiche Mann muss im Feuer sehr leiden, während Lazarus weit entfernt an Abrahams Seite Ruhe gefunden hat.

Ebenso gibt es ein Grab für die, die gerettet sind und es gibt eine andere Art von Grab für die, die nicht gerettet sind. Das Grab, in dem Korach und seine Männer und der reiche Mann landeten, heißt Hades und gehört zur Hölle. Doch das Grab, in das Lazarus ging, ist das obere Grab, das zum Himmel gehört.

Dreitägiger Aufenthalt im Oberen Grab

Zu Zeiten des alten Testaments warteten die, die errettet waren, im oberen Grab. Da Abraham, unser Vater im Glauben, die Kontrolle über das obere Grab hatte, kam der Bettler Lazarus entsprechend Lukas 16 an die Seite von Abraham. Seit der Herr auferstanden und in den Himmel aufgefahren ist, kommen die Erretteten nicht mehr in das obere Grab oder an die Seite Abrahams. Sie bleiben drei Tage im oberen Grab und kommen dann irgendwohin ins Paradies. Das heißt, sie sind mit dem Herrn im Wartesaal des Himmels.

Jesus hatte in Johannes 14,2 gesagt: *„Ich gehe hin, euch eine Stätte zu bereiten."* Das heißt, seit Seiner Auferstehung und Himmelfahrt bereitet der Herr einen Ort für jeden einzelnen Gläubigen vor. So hat der Herr begonnen, einen Ort für die Kinder Gottes vorzubreiten und die, die gerettet waren, verbringen Zeit im Wartesaal des Himmels – irgendwo im Paradies.

Manche fragen sich, wie es möglich sein kann, dass die seit Beginn der Schöpfung erretteten Menschen alle im Paradies leben können. Aber darüber brauchen Sie sich keine Sorgen zu machen. Selbst das Sonnensystem, zu dem diese Erde gehört, ist nur ein winziger Fleck im Vergleich zur Galaxie. Wie groß ist denn eine Galaxie überhaupt? Im Vergleich zum gesamten All, ist eine Galaxie nur ein kleiner Fleck. Wie groß ist dann erst das All?

Hinzu kommt, dass dieses All nur eins von vielen ist. Das heißt, es ist unmöglich, sich die Größe des gesamten Alls vorstellen zu können. Wenn diese sichtbare, physische Welt schon so groß ist, wie viel größer muss wohl die geistliche Welt sein!

Der Wartesaal im Himmel

Was für eine Art Ort ist dieser Wartesaal im Himmel, wo diejenigen, die gerettet sind, hinkommen, nachdem sie drei Tage lang zum Akklimatisieren im oberen Grab waren? Wenn Menschen hier eine schöne Umgebung erblicken, sagen sie: „Das ist das Paradies auf Erden" oder „Es ist wie im Garten Eden." Den Garten Eden kann man aber mit nichts auf der Welt vergleichen, egal wie schön es auch sein mag. Die Menschen im Garten Eden haben ein wunderbares Leben voller Glück, Frieden und Freude. Aber es sieht nur für die Menschen auf der Erde gut aus. Wenn Sie erst einmal im Himmel waren, werden Sie diesen Eindruck sofort beiseite legen.

So wie Nichts auf der Erde mit dem Garten Eden verglichen werden kann, kann auch nichts im Garten Eden mit dem Himmel verglichen werden. Es gibt einen grundlegenden Unterschied zwischen dem Glück im Garten Eden, der zum zweiten Himmel gehört und dem Glück im Wartesaal vom Paradies im dritten Himmel. Der Grund ist, dass die Menschen im Garten Eden nicht wirklich Gottes Kinder sind, die von Ihm erzogen worden sind.

Lassen Sie mich Ihnen ein Beispiel geben, dass Ihnen helfen soll, dies besser zu verstehen. Bevor es Elektrizität gab, benutzten unsere koreanischen Vorfahren Kerosinlampen. Diese Lampen waren im Vergleich zum elektrischen Licht, dass wir heutzutage haben, sehr dunkel. Dennoch waren sie damals kostbar, als es nachts ohne sie gar kein Licht gegeben hätte. Seitdem die Menschen allerdings Elektrizität entdeckten und gelernt haben, sie zu nutzen, setzen wir elektrische Lampen ein. Diejenigen, die früher nur Kerosinlampen kannten, dachten, elektrisches

Licht sei erstaunlich und sie waren von seiner Helligkeit ganz eingenommen.

Wenn wir uns vorstellen, dass die Erde ganz von Finsternis erfüllt wäre, ohne irgendwelches Licht, könnte man sage, dass es im Garten Eden Kerosinlampen und im Himmel elektrisches Licht gäbe. So wie das Licht von Kerosin- und elektrischen Lampen sich total unterscheidet, auch wenn es sich in beiden Fällen um Licht handelt, unterscheidet sich auch der Wartesaal im Himmel völlig vom Garten Eden.

Der Wartesaal am Rande vom Paradies

Der Wartesaal des Himmels befindet sich am Rande vom Paradies. Das Paradies ist der Ort, wo die hinkommen, die den geringsten Glauben haben; es ist auch der vom Thron Gottes am weitesten entfernte Ort. Er ist sehr, sehr groß.

Diejenigen, die am Rande vom Paradies warten, erlangen durch die Propheten geistliches Wissen. Sie lernen etwas über den dreieinigen Gott, die Gesetzmäßigkeiten in der geistlichen Welt und so weiter. Das Ausmaß von diesem Wissen kennt keine Grenzen; so hören sie also nie auf zu lernen. Das Erlernen von geistlichen Dingen ist nie langweilig oder schwierig wie manche Fächer hier auf der Erde. Je mehr man lernt, desto mehr staunt man und desto mehr wird man erleuchtet, was das Ganze noch gnadenvoller macht.

Schon auf dieser Erde können die, die reine und demütige Herzen haben, mit Gott kommunizieren und geistliche Erkenntnisse erlangen. Einige von diesen Menschen können in die geistliche Welt hineinsehen, weil ihre geistlichen Augen geöffnet sind. Andere können geistliche Dinge durch die Inspiration des Heiligen Geistes begreifen. Sie können Dinge über den Glauben lernen oder über die Gesetzmäßigkeiten beim Empfangen von Gebetserhörungen, so dass sie schon in dieser physischen Welt Gottes Kraft, die dem geistlichen Bereich angehört, erleben.

Wenn Sie hier etwas über geistliche Dinge lernen und diese Dinge in dieser physischen Welt dann erleben, werden Sie voller Elan und total glücklich sein. Wie viel mehr Freude und Glück werden Sie wohl erst verspüren, wenn Sie geistliche Dinge im Wartesaal des Himmels in ihrer Tiefe erforschen können!

Nachrichten aus dieser Welt hören

Welche Art von Leben genießen die Menschen im Wartesaal des Himmels? Sie erleben echten Frieden und warten darauf, in ihr ewiges Heim im Himmel einzuziehen. Sie haben keinen Mangel, sind glücklich und begeistert. Sie verschwenden keine Zeit, sondern lernen viele Dinge von den Engeln und Propheten.

Unter ihnen gibt es Leiter, die festgelegt wurden, und sie leben in einer bestimmten Hierarchie. Es ist ihnen nicht gestattet, auf diese Erde herunterzukommen, weshalb sie immer daran interessiert sind, zu hören, was hier auf Erden passiert. Sie sind nicht an weltlichen Dingen interessiert, sondern an dem, was mit Gottes Königreich zu tun hat, zum Beispiel: „Wie geht es der Gemeinde, in der ich gedient habe? Wie viele der ihr übertragenen Aufgaben hat die Gemeinde schon erledigt? Wie steht es mit der Weltmission?"

So sind sie sehr angetan, wenn sie von den Engeln, die zur Erde hinuntergehen können, oder von den Propheten im neuen Jerusalem „Nachrichten aus der Welt" hören.

Einmal zeigte mir Gott einige Mitglieder meiner Gemeinde, die derzeit im Wartesaal des Himmels verweilen. Sie beten an verschiedenen Orten und warten darauf, Neuigkeiten aus meiner Gemeinde zu hören. Sie sind besonders an den Pflichten meiner Gemeinde interessiert, das heißt an der Weltmission und am Bau des neuen großen Gemeindesaals. Sie freuen sich sehr, wenn sie gute Neuigkeiten hören. Wenn sie hören, wie Gott bei den Evangelisationseinsätzen in Übersee verherrlicht wir, sind sie begeistert und so zufrieden, dass sie ein Fest veranstalten.

Ebenso genießen die Menschen im Wartesaal des Himmels ihre Zeit dort in vollen Zügen. Ab und an hören sie Nachrichten aus dieser Welt.

Strenge Ordnung im Wartesaal des Himmels

Menschen aller Glaubensebenen, die nach dem Jüngsten Gericht an ihren jeweiligen Bestimmungsort kommen, warten erst einmal gemeinsam im Wartesaal des Himmels, wobei es aber sehr genaue Regeln gibt. Diejenigen mit weniger Glauben erweisen denen mit größerem Glauben ihren Respekt, indem sie das Haupt vor ihnen verneigen. Geistliche Anordnungen ergehen nicht entsprechend ihrer Position auf dieser Erde, sondern anhand ihrer Heiligung und Treue bezüglich der ihnen von Gott übertragenen Pflichten.

So gesehen werden die Anweisungen streng eingehalten, denn im Himmel herrscht der Gott der Gerechtigkeit. Da die Hierarchie auf der Helligkeit des Lichtes, dem Ausmaß der Güte und der Größe der Liebe eines jeden Gläubigen basiert, kann sich niemand beschweren. Im Himmel gehorcht jeder den geistlichen Anordnungen, denn in den Gedanken der Erlösten gibt es dort nichts Böses.

Dennoch sind weder die Hierarchie noch die verschiedenen Arten der Herrlichkeit darauf ausgelegt, Gehorsam zu erzwingen. Er entspringt einzig und allein aus mit Liebe und Respekt erfüllten wahrhaftigen Herzen. Darum zollt man all denen, die über einem stehen, im Wartesaal des Himmels vom Herzen her Respekt und verneigt sein Haupt vor ihnen, weil man instinktiv den geistlichen Unterschied spürt.

Menschen, die nicht im Wartesaal bleiben müssen

Alle Menschen, die nach dem Jüngsten Gericht an ihren jeweiligen Bestimmungsort im Himmel kommen, halten sind derzeit am Rande vom Paradies, dem Wartesaal des Himmels, auf. Es gibt allerdings ein paar Ausnahmen. Diejenigen, die in das neue Jerusalem einziehen, also an den schönsten Ort im Himmel, kommen direkt in das neue Jerusalem und helfen beim Werk Gottes mit. Diese Menschen, die das Herz Gottes haben, das so klar und schön wie ein Kristall ist, erleben Gottes besondere Liebe und Fürsorge.

Sie helfen bei Gottes Werk im neuen Jerusalem mit

Wo halten sich wohl jetzt unsere Vorväter im Glauben, die geheiligt und in Gottes Haus treu waren, wie zum Beispiel Elija, Henoch, Abraham, Mose und der Apostel Paulus auf? Verweilen sie am Rande vom Paradies, dem Wartesaal des Himmels? Nein. Diese Menschen sind vollkommen geheiligt und spiegeln Gottes Herz ganz und gar wider. Deshalb sind sie auch bereits im neuen Jerusalem. Da der Tag des Gerichts aber noch nicht stattgefunden hat, können sie noch nicht in ihre jeweiligen ewigen Wohnungen einziehen.

Wo halten sie sich dann dort im neuen Jerusalem auf? Das neue Jerusalem, welches 1.500 Meilen breit, lang und hoch ist, enthält auch ein paar geistliche Orte in verschiedenen Dimensionen. Es gibt den Ort mit dem Thron Gottes. An anderen Stellen werden Häuser gebaut und dann gibt es Orte, wo unsere Ahnen im Glauben, die bereits im neuen Jerusalem sind, zusammen mit unserem Herrn arbeiten.

Während unsere Vorväter im Glauben, die schon im neuen Jerusalem sind, bei Gottes Werk mit anpacken und dem Herrn bei der Vorbereitung unserer Wohnungen helfen, sehnen sie den Tag herbei, an dem sie in ihre ewige Wohnung einziehen. Sie sehnen sich wirklich sehr danach, in ihr ewiges Haus einzukehren, können dies aber erst nach der Wiederkehr Jesu Christi in der Luft, dem siebenjährigen Hochzeitsmahl und dem Tausendjährigen Reich auf der Erde tun.

Der Apostel Paulus, der erfüllt war mit der Hoffnung auf den Himmel, bekannte im 2. Timotheus 4,7-8:

Ich habe den guten Kampf gekämpft, ich habe den Lauf vollendet, ich habe den Glauben bewahrt; fortan liegt mir bereit der Siegeskranz der Gerechtigkeit, den der Herr, der gerechte Richter, mir als Belohnung geben wird an jenem Tag: nicht allein aber mir, sondern auch allen, die sein Erscheinen liebgewonnen haben.

Diejenigen, die den guten Kampf kämpfen und auf die Wiederkehr des Herrn hoffen, haben eine feste Hoffnung auf eine Wohnstätte und ihre Belohnungen im Himmel. Diese Art von Glauben und Hoffnung können wachsen, wenn man mehr über den geistlichen Bereich Bescheid weiß. Darum nehme ich mir Zeit, den Himmel im Detail zu beschreiben.

Der Garten Eden im zweiten Himmel oder der Wartesaal im dritten Himmel sind zwar viel schöner als diese Welt, dennoch stellen selbst diese schönen Orte keinen Vergleich zum Glanz, zur Herrlichkeit und zur Pracht des neuen Jerusalems dar, wo sich Gottes Thron befindet.

Darum bete ich im Namen des Herrn Jesus, dass Sie nicht nur mit dem Glauben und der Hoffung eines Apostel Paulus' auf das neue Jerusalem zustürmen, sondern dass Sie auch vielen Seelen den Weg zur Erlösung weisen, indem Sie das Evangelium weitergeben, auch wenn diese Aufgabe Sie das Leben kostet.

Kapitel 3

Das siebenjährige Hochzeitsmahl

Glückselig und heilig, wer teilhat
an der ersten Auferstehung!
Über diese hat der zweite Tod keine Macht,
sondern sie werden Priester Gottes
und des Christus sein
und mit ihm herrschen die tausend Jahre.

- Offenbarung 20,6

Bevor Sie Ihre Belohnung empfangen und Ihr ewiges Leben im Himmel beginnen, gibt es zunächst das Jüngste Gericht vor dem großen weißen Thron. Vor dem Jüngsten Gericht finden aber noch die Wiederkunft des Herrn in der Luft, das siebenjährige Hochzeitsmahl, die Rückkehr des Herrn auf die Erde und das tausendjährige Reich statt.

Um Seine geliebten Kinder, die auf dieser Erde den Glauben bewahrt haben, zu trösten und um ihnen einen Vorgeschmack auf den Himmel zu geben, hat Gott all dies vorbereitet.

Darum freuen sich die, die an die Wiederkunft des Herrn glauben und darauf hoffen, Ihm, dem Bräutigam, zu begegnen, auf das siebenjährige Hochzeitsmahl und das tausendjährige Reich. Das in der Bibel festgehaltene Wort Gottes ist wahr und alle Weissagungen darin werden heute erfüllt.

Sie sollten ein weiser Gläubiger sein und Ihr Bestes tun, um sich als Seine Braut vorzubereiten. Ihnen muss etwas klar sein: Wenn Sie nicht wach sind und nach dem Worte Gottes leben, wird der Tag des Herrn über Sie hereinbrechen wie ein Dieb und Sie werden sterben.

Lassen Sie uns nun im Detail die wunderbaren Dinge betrachten, die die Kinder Gottes erleben, bevor Sie in den Himmel kommen, der so glänzend und wunderschön wie Kristall ist.

Jesu Wiederkehr und das siebenjährige Hochzeitsmahl

In Römer 10,9 schreibt der Apostel Paulus:

Wenn ihr mit dem Mund bekennt: „Jesus ist der Herr", und mit dem Herzen darauf vertraut, daß Gott ihn vom Tod erweckt hat, werdet ihr gerettet. (GN)

Um die Errettung zu erlangen, müssen Sie nicht nur bekennen, dass Jesus Ihr Erretter ist, sondern auch in Ihrem Herzen glauben, dass Er starb und von den Toten wieder auferstand.

Wenn Sie nicht an Jesu Auferstehung glauben, können Sie auch nicht an Ihre eigene künftige Auferstehung bei der Wiederkehr des Herrn glauben. Dann können Sie nicht einmal daran glauben, dass der Herr überhaupt zurückkehrt. Wenn Sie nicht an die Existenz von Himmel und Hölle glauben, können Sie auch nicht die nötige Kraft schöpfen, um nach Gottes Wort zu leben und somit auch nicht die Errettung erlangen.

Das ultimative Ziel im Leben eines Christen

In 1. Korinther 15,19 heißt es: *„Wenn wir allein in diesem Leben auf Christus gehofft haben, so sind wir die elendesten von allen Menschen."* Kinder Gottes gehen sonntags in die Gemeinde, besuchen Gottesdienste, und dienen dem Herrn auf vielerlei Weise. Die Ungläubigen in der Welt tun dies nicht. Um nach dem Wort Gottes zu leben, fasten Christen oft und beten früh morgens oder spät nachts eifrig in Gottes Heiligtum, also einem Gemeindesaal, obwohl sie sich manchmal eigentlich ausruhen müssten.

Auch wollen sie daraus keinen Profit für sich persönlich schlagen, sondern anderen dienen und dem Königreich Gottes in aufopfernder Weise zur Verfügung stehen. Wenn es also keinen Himmel gäbe, wären die treuen unter ihnen wirklich die bedauernswertesten Menschen überhaupt. Aber: Es ist sicher, dass der Herr zurückkommt, um uns in den Himmel zu holen und Er bereitet eine wunderschöne Wohnstätte für Sie vor. Er wird Sie entsprechend dem belohnen, was Sie in dieser Welt gesät und getan haben.

Jesus sagte in Matthäus 16,27: *„Denn der Sohn des Menschen wird kommen in der Herrlichkeit seines Vaters mit seinen Engeln, und dann wird er einem jeden vergelten nach seinem Tun."* An dieser Stelle bezieht sich „vergelten nach seinem Tun" nicht einfach darauf, ob er in den Himmel oder die Hölle kommt. Bei den Gläubigen, die in den Himmel kommen, unterscheiden sich die Belohnung und die Herrlichkeit entsprechend der Art und Weise, wie sie auf dieser Welt gelebt haben.

Manche Menschen verübeln es einem und haben sogar Angst, wenn man sagt, dass der Herr bald wiederkommt. Aber wenn Sie den Herrn wirklich lieben und ihre Hoffnung auf den Himmel setzen, ist es nur natürlich, dass Sie sich danach sehnen, dem Herrn möglichst bald zu begegnen. Wenn Sie mit den Lippen bekennen: „Ich liebe dich, Herr", aber nicht gerne davon hören, dass der Herr bald zurückkehrt oder sogar Angst davor haben, kann man eigentlich nicht sagen, dass Sie den Herrn wirklich lieben.

Daher sollten Sie den Herrn als Ihren Bräutigam mit Freuden annehmen, sich im Herzen auf Seine Wiederkehr freuen und sich wie eine Braut vorbereiten.

Des Herrn Rückkehr in der Luft

In 1. Thessalonicher 4,16-17 steht geschrieben: *„Denn der Herr selbst wird beim Befehlsruf, bei der Stimme eines Erzengels und bei dem Schall der Posaune Gottes herabkommen vom Himmel, und die Toten in Christus werden zuerst auferstehen; danach werden wir, die Lebenden, die übrigbleiben, zugleich mit ihnen entrückt werden in Wolken dem Herrn entgegen in die Luft; und so werden wir allezeit beim Herrn sein."*

Wenn der Herr in der Luft zurückkommt, wird jedes Kind Gottes einen geistlichen Leib bekommen und in die Luft entrückt werden, um dort den Herrn zu empfangen. Es gibt manche Menschen, die errettet waren und gestorben sind. Deren Leiber wurden begraben, aber ihr Geist wartet im Paradies. Von ihnen sprechen wir als von denen, die „im Herrn entschlafen" sind. Ihr Geist wird sich mit ihrem geistlichen Körper, in den ihr alter begrabener Leib verwandelt wurde, vereinen. Ihnen folgen die, die dem so Herrn begegnen, ohne den Tod zu schmecken; ihr Leib wird in einen geistlichen verwandelt und sie werden in die Luft entrückt.

Gott hält ein Hochzeitsmahl in der Luft ab

Wenn der Herr in der Luft zurückkehrt, wird jeder, der seit Beginn der Schöpfung errettet wurde, den Herrn als Bräutigam empfangen. Zu diesem Zeitpunkt wird Gott dann das siebenjährige Hochzeitsmahl eröffnen, um Seine Kinder zu trösten, die durch den Glauben gerettet worden sind. Sie werden zwar später im Himmel ganz sicher ihre Belohnungen für ihre Taten erhalten, aber zunächst schenkt Gott allen Seinen Kindern als Liebesgabe dieses Festessen in der Luft. Was tut denn beispielsweise ein König, wenn ein General nach einem großen Triumphzug zurückkehrt? Er belohnt den General mit vielen Ehrungen für seine hervorragenden Dienste. Möglicherweise gibt ihm der König eine Villa, Ländereien, Geld oder ein Fest für seine Dienste.

Ebenso schenkt Gott Seinen Kindern – nach dem Jüngsten Gericht – einen Ort, an dem sie bleiben können ebenso wie ihre Belohnung. Doch davor hält Er ein Hochzeitsmahl ab, damit Seine Kinder Spaß haben und ihre Freude miteinander teilen können. Obwohl sich das, was jeder für das Reich Gottes in dieser Welt getan hat, unterscheidet, gibt Er das Bankett auch schlicht und einfach, weil sie errettet worden sind.

Wo genau denn „in der Luft" wird das siebenjährige Hochzeitsmahl abgehalten? Wenn mit „Luft" hier der für das nackte Auge sichtbare Himmel gemeint wäre, müssten alle Erretteten das Festmahl im Himmel daherschwebend feiern. Außerdem sind seit der Schöpfung so viele Menschen gerettet worden, dass sie nicht alle im zu dieser Erde gehörenden Himmel

Platz fänden.

Auch ist das Festmahl sehr gut geplant und im Detail vorbereitet worden, denn Gott selbst hat es als Liebesgabe für Seine Kinder angesetzt. Es gibt also einen Ort, den Gott schon seit langem bereithält. Dieser Ort ist in der „Luft", die für das siebenjährige Hochzeitsmahl vorbereitet worden ist: Es ist ein Ort im zweiten Himmel.

Die „Luft" gehört zum zweiten Himmel

Epheser 2,2 spricht von den Zeiten, „*in denen ihr einst wandeltet gemäß dem Zeitlauf dieser Welt, gemäß dem Fürsten der Macht der Luft, des Geistes, der jetzt in den Söhnen des Ungehorsams wirkt.*" Das bedeutet, dass die „Luft" auch ein Ort ist, an dem böse Geister Autorität haben.

Allerdings ist der Ort, an dem das siebenjährige Hochzeitsmahl stattfindet, und der Ort, an dem die bösen Geister existieren, nicht ein und derselbe. Der Grund, warum der Ausdruck „Luft" verwendet wird, ist, dass beide Orte im zweiten Himmel zu finden sind. Jedoch besteht auch der zweite Himmel nicht nur an einer Stelle. Er ist vielmehr in verschiedene Bereiche untergliedert. Das heißt, der Ort, an dem das Hochzeitsmahl abgehalten wird, und der Ort, an dem die bösen Geister existieren, sind von einander getrennt.

Gott schuf einen neuen geistlichen Bereich, den Er den zweiten Himmel nannte, indem Er einen Teil aus dem geistlichen Bereich insgesamt herausnahm. Dann teilte Er ihn in zwei Bereiche. Einer davon ist Eden, also der Bereich des Lichts, der Gott gehört. Der andere Bereich ist finster; diesen hat Er den bösen Geistern zugeteilt.

Gott schuf den Garten Eden, in dem Adam hätte bleiben sollen, bis die menschliche Zivilisation begann – und zwar östlich vom Garten Eden. Gott nahm Adam und stellte ihn in diesen Garten. Ebenso gab Gott den bösen Geistern den finsteren Bereich und gestattete ihnen dort zu bleiben. Dieser finstere Bereich und der Garten Eden sind streng von einander getrennt.

Der Ort des siebenjährigen Hochzeitsmahls

Wo wird das siebenjährige Hochzeitsmahl gefeiert? Der Garten Eden ist nur ein Teil von Eden; es gibt dort noch viele andere Orte. An einem dieser Orte hat Gott Platz für das siebenjährige Hochzeitsmahl geschaffen.

Der Ort, an dem das siebenjährige Hochzeitsmahl stattfindet, ist noch viel schöner als der Garten Eden. Es gibt dort wunderbare Blumen und Bäume. Licht erstrahlt in allen möglichen bunten Farben und der Ort ist umgeben von einer unbeschreiblich schönen und reinen Natur.

Außerdem ist er riesengroß, denn alle, die seit der Schöpfung der Welt gerettet worden sind, kommen dort zusammen. Es gibt da ein sehr großes Schloss und das ist groß genug, um alle aufzunehmen, die eingeladen worden sind, an diesem Bankett teilzunehmen. Das Fest findet in diesem Schloss statt. Es wird von unvorstellbar glücklichen Momenten geprägt sein. Jetzt möchte ich Sie in das Schloss zum siebenjährigen Hochzeitsmahl einladen. Ich hoffe, Sie können das Glück spüren, die Braut des Herrn zu sein, der auf diesem Fest der Ehrengast sein wird.

Dem Herrn an einem strahlend schönen Ort begegnen

Wenn Sie in der Festhalle ankommen, werden Sie einen so schillernden, mit hellem Licht erfüllten Raum vorfinden, wie Sie es noch nie erlebt haben. Ihr Körper wird sich leichter als eine Feder anfühlen. Anfangs, wenn Sie sanft auf dem grünen Gras landen, wird die Umgebung zunächst nicht sichtbar sein, weil Ihre Augen sich erst an das gleißend helle Licht gewöhnen müssen. Dann sehen Sie den Himmel und einen See, der so klar und rein ist, dass er Ihre Augen blendet. Wenn es auf dem See kleine Wellen gibt, erstrahlt er wie bunte Juwelen.

Alle vier Seiten sind voller Blumen und das gesamte Gebiet ist von grünen Bäumen umgeben. Die Blumen neigen sich von einer Seite zur anderen, als würden sie Ihnen zuwinken und Sie nehmen einen so schweren, schönen und süßen Duft wahr, wie noch nie zuvor. Bald darauf erscheinen ganz bunte Vögel und heißen Sie mit ihrem Gesang willkommen. Aus dem See, der so klar ist, dass Sie die Dinge unter der Oberfläche sehen können, stecken unbeschreiblich schöne Fische ihre Köpfe heraus, um Sie zu begrüßen.

Selbst das Gras, auf dem Sie stehen, ist weich wie Baumwolle. Der Wind, der Ihre Kleider leicht wehen lässt, umschließt Sie sanft. Zu diesem Zeitpunkt dringt ein starkes Licht an Ihre Augen und Sie erblicken eine Person, die mitten in diesem Licht steht.

Der Herr umarmt Sie und sagt: „Ich liebe dich, meine Braut."

Mit einem sanften Lächeln auf Seinem Gesicht ruft Er Sie zu sich und hat dabei die Arme weit ausgestreckt. Wenn Sie auf

Ihn zugehen, wird Sein Antlitz deutlich sichtbar. Dann sehen Sie
Sein Gesicht zum ersten Mal, aber Sie wissen sehr gut, wer es ist.
Es ist der Herr Jesus, Ihr Bräutigam, den Sie lieben. Sie haben sich
die ganze Zeit danach gesehnt, Ihn zu sehen. In dem Augenblick
werden Tränen über Ihr Gesicht strömen. Sie können auch gar
nicht aufhören, zu weinen, weil Sie an die Zeiten denken, wo Sie
auf dieser Erde gelebt haben.

Nun sehen Sie den Herrn von Angesicht zu Angesicht. Er
war es, der Ihnen auf der Erde half, selbst die schwierigsten
Situationen zu bestehen – trotz aller Verfolgung und Prüfungen.
Der Herr kommt auf Sie zu, nimmt Sie in die Arme und sagt
Ihnen: „Meine Braut, ich habe auf diesen Tag gewartet. Ich liebe
dich."

Wenn Sie das hören, werden Sie noch mehr weinen. Dann
wischt Ihnen der Herr sanft die Tränen ab und umarmt Sie noch
fester. Wenn Sie in Seine Augen schauen, können Sie Sein Herz
spüren. „Ich weiß alles über dich. Ich kenne alle deine Tränen
und Schmerzen. Hier wird es nur noch Glück und Freude
geben."

Wie lange hatten Sie sich nach diesem Moment gesehnt?!
Wenn Sie in Seinen Armen sind, erleben Sie den tiefsten Frieden.
Überfließende Freude umgibt Sie ganz und gar.

Dann vernehmen Sie sanfte, tiefe Klänge: wunderbarer
Lobpreis. Der Herr nimmt Ihre Hand und führt Sie an den Ort,
von dem der Lobpreis ertönt.

Die Halle des Hochzeitsmahls voller bunter Lichter

Einen Augenblick später erblicken Sie das großartig
strahlende Schloss. Es ist herrlich. Einfach wunderschön. Wenn
Sie am Tor vor dem Schloss stehen, öffnet es sich sanft und die

hellen Lichter aus dem Schloss kommen heraus. Wenn Sie mit dem Herrn in das Schloss hineingehen, ist es so, als würden Sie vom Licht hinein gesogen. Die Halle, die Sie vorfinden, ist so riesig, dass Sie das andere Ende nicht ausmachen können. Sie ist mit schönen Ornamenten und Objekten dekoriert und mit hellen, bunten Lichtern erfüllt.

Jetzt ist der Klang des Lobpreises schon deutlicher. Er durchzieht sanft den gesamten Saal. Dann eröffnet der Herr das Hochzeitsmahl mit schallender Stimme. So beginnt das siebenjährige Hochzeitsmahl. Es wird Ihnen so vorkommen, als träumten Sie nur, dass dieses Ereignis stattfindet.

Können Sie die Freude des Augenblickes verspüren? Natürlich kann nicht jeder, der am Festmahl teilnimmt, so mit dem Herrn zusammen sein. Nur die, die dafür qualifiziert sind, können Ihm so dicht folgen und von Ihm umarmt werden.

Deshalb sollten Sie sich wie eine Braut vorbereiten und Teilhaber der göttlichen Natur werden. Doch selbst, wenn nicht alle die Hand des Herrn so halten können, werden sie das gleiche Glück verspüren und davon erfüllt sein.

Singend und tanzend glückliche Momente genießen

Wenn einmal das Hochzeitsmahl begonnen hat, werden Sie mit dem Herrn singen und tanzen und den Namen von Gott, dem Vater, feiern. Sie tanzen mit dem Herrn, reden über die Zeiten auf der Erde oder den Himmel, wo Sie leben werden.

Sie reden auch über die Liebe von Gott, dem Vater, und verherrlichen Ihn. Sie können wunderbare Gespräche mit Menschen führen, mit denen Sie seit langem schon Zeit verbringen wollten.

Während Sie sich die Früchte auf der Zunge zergehen lassen

und vom Wasser des Lebens trinken, das vom Thron des Vaters fließt, nimmt das schöne Bankett seinen Lauf. Sie müssen aber nicht für die gesamten sieben Jahre im Schloss bleiben. Von Zeit zu Zeit gehen Sie aus dem Schloss heraus und verbringen draußen glückliche Momente.

Welche schönen Aktivitäten und Ereignisse warten denn nun auf Sie außerhalb des Schlosses? Sie können sich Zeit nehmen, um sich über die schöne Natur zu freuen und mit den Bäumen, Sträuchern, Blumen und Vögeln Freundschaft schließen. Sie können mit Ihren Lieben auf den mit herrlichen Blumen geschmückten Straßen spazieren gehen, mit ihnen reden und ab und an dem Herrn Lieder singen und vor Ihm tanzen. Außerdem gibt es an anderen großräumigen Orten noch viel mehr zu genießen. Beispielsweise können Sie mit Ihren Lieben – oder dem Herrn selbst – auf dem See eine Bootsfahrt machen. Sie können Schwimmen gehen und viele andere Dinge und Spielen genießen. Gott, in Seiner Liebe und Fürsorge hat viele Dinge im Detail vorbereitet, die unbeschreiblich viel Freude bereiten.

Während des siebenjährigen Hochzeitsfestes wird das Licht nie ausgeschaltet. Natürlich ist Eden ein Ort des Lichtes und es gibt dort keine Lampen. In Eden müssen Sie auch nicht wie auf der Erde Schlafen gehen oder sich ausruhen. Egal wie viel Zeit Sie dort genießen, Sie werden nie müde, sondern nur noch glücklicher.

Darum können Sie auch nicht nachvollziehen, wie viel Zeit vergangen ist und die sieben Jahre verfliegen wie sieben Tage oder gar sieben Stunden. Selbst wenn ihre Eltern, Kinder oder Geschwister nicht entrückt worden sind und unter der großen Trübsal leiden, vergeht die Zeit durch all die Freude und das Glück oben so schnell, dass Sie nicht einmal an sie denken können.

Mehr Danksagung für die Errettung

Die Menschen im Garten Eden und beim Hochzeitsmahl können einander zwar sehen, aber nicht besuchen. Ebenso können die bösen Geister das Hochzeitsmahl sehen und umgekehrt. Selbstverständlich brauchen die Dämonen nicht einmal daran zu denken, sich dem Festmahl zu nähern, auch wenn sie Sie sehen können. Das Bankett und das Glück der Gäste mit ansehen zu müssen, bereitet den bösen Geistern große Schmerzen. Für sie bedeutet es unerträgliche Pein, dass es ihnen nicht gelungen ist, noch einen Menschen mehr in die Hölle zu zerren und dass sie Gott diese Menschen als Seine Kinder überlassen mussten.

Im Gegenzug werden Sie daran erinnert, wie sehr diese bösen Geister einst versuchten, Sie wie ein brüllender Löwe zu verschlingen, während Sie auf der Erde lebten.

Dadurch verstärkt sich Ihre Dankbarkeit für die Gnade von Gott, dem Vater, vom Herrn und vom Heiligen Geist noch mehr, weil Sie von Ihm vor der Macht des Bösen beschützt und dahin geführt worden sind, ein Kind Gottes zu werden. Außerdem werden Sie noch dankbarer gegenüber denen, die Ihnen geholfen haben, den Weg des Lebens zu gehen.

So ist das siebenjährige Hochzeitsmahl nicht nur eine Zeit des Ausruhens und eine tröstende Liebesgabe für die Schmerzen, die Sie auf Erden ertragen haben. Es ist ebenso eine Zeit des Gedenkens an die Zeit auf Erden und eine Gelegenheit, Gott für Seine Liebe noch dankbarer zu sein.

Sie werden auch über das ewige Leben im Himmel nachdenken, das noch viel wunderbarer als das siebenjährige Hochzeitsmahl sein wird. Die Glückseligkeit des siebenjährigen Hochzeitsmahls reicht an die des Himmels nicht heran.

Die siebenjährige große Trübsal

Während das fröhliche Hochzeitsmahl in der Luft abgehalten wird, findet auf der Erde die siebenjährige große Trübsal statt. Wegen der Art und dem Ausmaß der großen Trübsal, die es nie zuvor gegeben hat und die es auch danach nie mehr geben wird, wird ein Großteil der Erde zerstört. Viele Menschen werden sterben.

Natürlich werden manche von ihnen noch in der „Nachlese" gerettet werden. Es wird viele Menschen geben, die nach der Rückkehr des Herrn auf der Erde zurückgelassen werden, weil sie gar nicht oder nicht richtig geglaubt haben. Wenn sie aber während der siebenjährigen großen Trübsaal Buße tun und Märtyrer werden, können auch sie noch gerettet werden. Das könnte man als „Errettungsnachlese" bezeichnen.

Allerdings wird es während der siebenjährigen großen Trübsal nicht leicht sein, ein Märtyrer zu werden. Selbst wenn sie sich für den Tod als Märtyrer entschließen, werden die meisten von ihnen den Herrn verleugnen – und zwar wegen der grausamen Quälereien und der Verfolgung durch den Antichrist, der sie zwingen wird, das Zeichen, das heißt die „666", anzunehmen.

Unter normalen Umständen, weigern sie sich stark, das Zeichen zu empfangen. Sie wissen, wenn sie es erst einmal angenommen haben, gehören sie zu Satan. Es ist jedoch alles andere als leicht, die Quälereien, die mit extremen Schmerzen einhergehen, zu ertragen.

Selbst wenn jemand in der Lage ist, die Qualen zu ertragen, wird es noch schwerer sein, mit ansehen zu müssen, wie liebe Angehörige gequält werden. Darum ist es so schwer, in dieser „Nachlese" gerettet zu werden. Hinzu kommt, dass es schwieriger sein wird, seinen Glauben zu bewahren, weil die Menschen dann

61

vom Heiligen Geist keine Hilfe bekommen können.

Darum hoffe ich, dass keiner meiner Leser die siebenjährige große Trübsal miterleben muss. Zum einen gebe ich diese Erklärungen zur großen Trübsal, damit Sie wissen, dass einige der in der Bibel niedergeschriebenen Ereignisse über die Endzeit bereits jetzt genauso geschehen und alle übrigen noch eintreten werden.

Zum anderen sind meine Erläuterungen für die, die auf der Erde bleiben werden, wenn die Kinder Gottes schon in die Luft entrückt worden sind. Während die wahren Gläubigen in die Luft entrückt werden und das siebenjährige Hochzeitsmahl feiern, wird auf der Erde die nur Elend bringende große Trübsal stattfinden.

Martyrer werden in der „Nachlese" gerettet

Wenn der Herr in der Luft zurückkehrt, werden unter denen, die nicht entrückt werden, einige sein, die noch Buße tun werden, und zwar wegen ihres von Fehlern geprägten Glaubens an Jesus Christus.

Was sie zu dieser Nachlese-Errettung führen wird, ist das Wort Gottes, das in der Gemeinde gepredigt wird, die am Ende der Zeit das Wirken und die Macht Gottes zeigt. Sie werden kommen, um zu erfahren, wie man gerettet wird, welche Dinge sich noch ereignen werden und wie sie auf die im Worte Gottes vorhergesagten Ereignisse in der Welt reagieren sollen.

Es wird also einige Menschen geben, die vor Gott echte Buße tun und gerettet werden, indem sie Märtyrer werden. Sie sind praktisch eine „Nachlese". Natürlich wird es unter ihnen Israelis geben. Sie werden die „Botschaft vom Kreuz" hören und begreifen, dass Jesus, in dem sie den Messias nicht erkannt hatten, doch der wahre Sohn Gottes und der Erlöser aller Menschen ist. Dann werden sie Buße tun und ein Teil der Nachlese sein. Sie werden sich versammeln, um ihren Glauben wachsen zu lassen. Einige von ihnen werden das Herz Gottes erkennen. Um der Errettung willen werden sie zu Märtyrern.

Auf diese Weise helfen Bücher, die Gottes Wort klar erläutern, nicht nur, um den Glauben der Gläubigen zu mehren, sie spielen auch eine sehr wichtige Rolle für die, die nicht mit entrückt werden. Ihnen sollte die wundersame Liebe und Barmherzigkeit Gottes klar sein, denn Er hat sogar für die Vorsorge getragen, die erst nach der Rückkehr des Herrn errettet werden.

Das tausendjährige Reich

Die Bräute, die das siebenjährige Hochzeitsmahl gefeiert haben, werden auf die Erde zurückkehren und mit dem Herrn für eintausend Jahre herrschen (Offenbarung 20,4). Wenn der Herr auf die Erde zurückkehrt, wird Er sie aufräumen. Erst wird Er die Luft reinigen und dann die Natur wieder schön machen.

Ein Besuch auf der neu gereinigten Erde

So wie ein frisch verheiratetes Ehepaar auf Hochzeitsreise geht, werden Sie mit dem Herrn während des Milleniums nach dem siebenjährigen Hochzeitsmahl auf Hochzeitsreise gehen. Wohin würden Sie am liebsten hingehen?

Gottes Kinder, also die Braut des Herrn, werden die Erde besuchen wollen, mal hierhin und mal dorthin fahren, denn sie werden die Erde bald verlassen müssen. Gott wird alles im ersten Himmel verschieben, wie zum Beispiel die Erde, auf der die

Menschen lebten, die Sonne und den Mond – und zwar an einen anderen Ort, sobald das Jahrtausend zu Ende gegangen ist.

Deshalb wird Gott, der Vater, die Erde nach dem siebenjährigen Hochzeitsfest wunderbar neu gestalten und Sie mit dem Herrn Jesus eintausend Jahre auf ihr herrschen lassen, bevor Er sie verschiebt. Dies hatte Gott schon in der Vorsehung so geplant, als Er in sechs Tagen alles im Himmel und auf Erden schuf und dann am siebten Tag ruhte. Er plante auch, Sie auf der Erde mit dem Herrn für eintausend Jahre herrschen zu lassen, damit Sie danach nicht traurig sind, dass Sie die Erde verlassen müssen. Sie werden es genießen, diese eintausend Jahre auf der wunderschön neu gestalteten Erde mit dem Herrn zu regieren. Wenn Sie dann die Orte besuchen, wo Sie nicht hingekommen waren, als Sie auf der Erde lebten, können Sie Glück und Freude empfinden wie nie zuvor.

Herrschaft für eintausend Jahre

In dieser Zeit wird der Feind, Satan, der Widersacher, nicht da sein. Genauso wie im Garten Eden wird es in diesem angenehmen Umfeld nur friedlich und ruhig zugehen. Der Herr und die Erretteten werden auf der Erde bleiben, aber sie werden keine fleischlichen Menschen sein wie die, die die große Trübsal überlebt haben. Die Erretteten und der Herr werden an einem abgesonderten Ort wie einem königlichen Palast oder einem Schloss sein. Mit anderen Worten, die die geistlich ausgerichtet waren, leben im Schloss und die fleischlichen Christen außerhalb, denn geistliche und fleischliche Leiber können nicht gemeinsam an einem Ort sein.

Geistliche Menschen werden schon in ihre geistlichen Leiber verwandelt worden sein und das ewige Leben haben. So können

64

sie davon leben, Aromen einzuatmen, wie zum Beispiel den Duft von Blumen. Manchmal können sie auch mit fleischlichen Menschen zusammen essen, wenn sie beieinander sind. Aber falls sie etwas essen, scheiden sie es nicht so aus wie die fleischlichen Menschen. Selbst wenn sie physische Nahrung zu sich nehmen, scheiden sie sie über ihre Atmung in aufgelöster Form wieder aus.

Fleischliche Menschen werden sich darauf konzentrieren, die Anzahl zu vermehren, denn nach der siebenjährigen großen Trübsal gibt nicht viele Überlebende. Zu der Zeit gibt es keine Krankheiten und nichts Böses, denn die Luft ist rein und der Feind, Satan, der Widersacher ist abwesend. Da Satan, der Teufel, der alles Böse kontrolliert, gefangen genommen im Abgrund ist, werden Ungerechtigkeit und das Böse auf die menschliche Natur keinen Einfluss mehr ausüben können (Offenbarung 20,3). Weil es den Tod nicht gibt, wird die Erde wieder voller Menschen sein.

Was werden die fleischlichen Menschen essen? Als Adam und Eva im Garten Eden lebten, aßen sie nur Früchte und samentragendes Kraut (1. Mose 1,29). Nachdem Adam und Eva Gott ungehorsam waren und aus dem Garten Eden vertrieben wurden, fingen sie an, das Kraut des Feldes zu essen (1. Mose 3,18). Nach der Flut zu Noahs Zeiten, wurde die Welt noch böser und Gott erlaubte den Menschen, Fleisch zu essen. Sehen Sie: Je böser die Welt wurde, desto „böser" wurde das Essen, das die Menschen zu sich nahmen.

Während des Millenniums essen die Menschen die Früchte des Feldes und Obst. Sie werden kein Fleisch essen – genauso wie die Menschen vor der Flut zu Noah Zeiten, denn es wird nicht Böses und keine Tötungen geben. Außerdem werden während der großen Trübsal alle Kulturen ausgelöscht. Das heißt, die Menschen werden zu einem primitiven Leben zurückkehren und sich auf der Erde vermehren, die der Herr neu gestaltet hat. Sie werden in einer reinen Natur, die unverschmutzt, friedlich und schön ist, neu anfangen.

Die Menschen hatten zwar vor der großen Trübsal hoch entwickelte Kulturen und viel Wissen erlebt, aber der heutige Stand der modernen Zivilisation kann nicht gleich wieder in ein-, zweihundert Jahren erreicht werden. Im Laufe der Zeit, werden sie Weisheit erlangen und so vielleicht am Ende des Jahrtausends wieder den heutigen Entwicklungsstand erreichen.

Die himmlische Belohnung nach dem Jüngsten Gericht

Nach dem Millennium wird Gott den Widersacher, Satan, der im Abgrund eingeschlossen war, für eine kurze Zeit frei lassen (Offenbarung 20,1-3). Obwohl der Herr selbst auf dieser Erde regiert, um die fleischlichen Menschen, die die große Trübsal überlebt haben, und ihre Nachkommen zum ewigen Heil zu führen, ist ihr Glaube nicht echt. So gestattet es Gott dem Feind, Satan, sie in Versuchung zu führen.

Viele von den fleischlichen Menschen werden vom Feind, dem Teufel, verführt werden und den Weg der Zerstörung einschlagen (Offenbarung 20,8). Dadurch werden die Menschen erneut begreifen, warum Gott die Hölle schuf, und sehen, dass der große Gott der Liebe echte Kinder haben möchte, die als Menschen auf der Erde gelebt haben.

Die bösen Geister, die für eine kurze Zeit losgelassen werden, kommen wieder in den Abgrund. Dann findet das Jüngste

Gericht vor dem weißen Thron statt (Offenbarung 20,12). Wie wird das Jüngste Gericht vor dem weißen Thron ablaufen?

Gott hält das Jüngste Gericht von Seinem weißen Thron aus ab

Während ich im Juli 1982 für die Eröffnung einer Gemeinde betete, erfuhr ich Einzelheiten über das Jüngste Gericht vor dem weißen Richterstuhl, denn Gott schenkte mir eine Offenbarung. In der Szene sah ich, wie Er jeden richtete. Vor dem Thron von Gott dem Vater, standen der Herr und Mose und um den Thron herum waren Menschen, die die Rolle der Geschworenen spielten.

Anders als die Richter auf dieser Welt, ist Gott vollkommen und macht keinen Fehler. Dennoch richtet Er zusammen mit dem Herrn als Anwalt der Liebe, mit Mose als dem Staatsanwalt mit dem Gesetz und anderen Menschen als Geschworenen. In der Offenbarung 20,11-15 steht genau, wie Gott richten wird.

Dann sah ich einen großen weißen Thron und den, der darauf sitzt. Die Erde und der Himmel flohen bei seinem Anblick und verschwanden für immer. Ich sah alle Toten, Hohe und Niedrige, vor dem Thron stehen. Die Bücher wurden geöffnet, in denen alle Taten aufgeschrieben sind. Dann wurde noch ein Buch aufgeschlagen: das Buch des Lebens. Den Toten wurde das Urteil gesprochen; es richtete sich nach ihren Taten, die in den Büchern aufgeschrieben waren. Auch das Meer gab seine Toten heraus, und der Tod und die Totenwelt [Hades] gaben ihre Toten heraus. Alle empfingen das Urteil, das ihren Taten entsprach. Der Tod und die Totenwelt wurden in

*den See von Feuer geworfen. Dieser See von Feuer ist
der zweite, der endgültige Tod. Alle, deren Namen nicht
im Buch des Lebens standen, wurden in den See von
Feuer geworfen. (GN)*

Mit dem „großen weißen Thron" hier ist der Thron Gottes,
der der Richter ist, gemeint. Gott, sitzt auf dem Thron, der so
strahlt, dass er „weiß" aussieht. Er wird das endgültige Urteil in
Liebe und Gerechtigkeit sprechen, so dass die Spreu und nicht
der Weizen in der Hölle landen wird.

Darum spricht man vom Jüngsten Gericht vor dem weißen
Thron. Gott wird Sein Urteil exakt so fällen, wie es im „Buch
des Lebens" mit den Namen der Erretteten und in den anderen
Büchern mit den Taten eines jeden Menschen steht.

Die Unerretteten werden in die Hölle gehen

Vor dem Thron Gottes liegt nicht nur das Buch des Lebens.
Es gibt auch andere Bücher, in denen die Taten aller Menschen
stehen, die den Herrn nicht angenommen oder keinen echten
Glauben gehabt haben (Offenbarung 20,12).

Von dem Augenblick an, in dem ein Mensch geboren wurde,
bis zu dem Moment, in dem der Herr seinen Geist zurückruft,
steht jede einzelne Tat in diesen Büchern. Die Engel schreiben
beispielsweise auf, wenn jemand eine gute Tat tut, einen anderen
verflucht, ihn schlägt oder auf jemandem wütend oder ärgerlich
ist.

Genauso wie Sie bestimmte Gespräche oder Ereignisse für
lange Zeit auf Videos oder Tonaufnahmen festhalten oder
konservieren können, schreiben die Engel alle Situationen in
den Büchern im Himmel auf das Gebot des Allmächtigen hin

nieder. Darum kann das Jüngste Gericht vor dem weißen Thron fehlerlos stattfinden. Wie genau soll das Gericht ablaufen?

Die unerretteten Menschen werden zuerst gerichtet. Diese Menschen können nicht vor Gott treten, denn sie sind Sünder. Sie werden nur in Hades, dem Wartesaal der Hölle, gerichtet. Auch wenn sie nicht vor Gott erscheinen, wird deren Gericht dennoch genauso streng ausgeführt, als würde es vor Gott selbst geschehen.

Unter den Sündern wird Gott zuerst diejenigen richten, deren Sünden schwerwiegender waren. Nachdem alle Unerretteten gerichtet worden sind, kommen sie in den See von Feuer und Schwefel und werden dort in Ewigkeit bestraft.

Die Erretteten empfangen im Himmel ihre Belohnung

Nachdem das Gericht derer, die nicht errettet sind, auf diese Weise abgeschlossen ist, folgt das Gericht mit den Belohnungen für diejenigen, die errettet worden sind. In Offenbarung 22,12 steht die Verheißung: *„Gebt Acht, ich komme bald, und euren Lohn bringe ich mit. Jeder empfängt das, was seinen Taten entspricht."* (GN) So werden also die Bestimmungsorte und die Belohnungen im Himmel vergeben.

Das Gericht für die Belohnungen wird in Frieden vor dem Thron Gottes stattfinden, denn es ist für die Kinder Gottes. Dieses Gericht fängt bei denen an, die die größten und die meisten Belohnungen bekommen und endet mit denen, die die wenigsten erhalten. Danach werden die Kinder Gottes an ihren jeweiligen Bestimmungsort gehen.

Es wird keine Nacht mehr geben und sie brauchen weder Lampen – noch Sonnenlicht. Gott, der Herr, wird über ihnen leuchten, und sie werden in alle Ewigkeit ...

herrschen. (Offenbarung 22,5) (GN)

Wie froh können Sie doch durch die Hoffnung auf den Himmel trotz der vielen Bedrängnisse und Schwierigkeiten in dieser Welt sein! Dort werden Sie in Ewigkeit froh und glücklich mit dem Herrn leben – ohne Tränen, Sorgen, Schmerzen, Krankheiten oder Tod.

Ich habe hier das siebenjährige Hochzeitsmahl und das Millennium, in dem Sie mit dem Herrn regieren werden, nur kurz beschrieben. Wenn dieser Zeitabschnitt, der nur der Auftakt für das Leben im Himmel ist, schon so fröhlich wird, um wie viel glücklicher und freudenvoller muss das Leben im Himmel dann erst sein?! Darum sollten Sie auf Ihren Bestimmungsort und Ihre Belohnung, die für Sie im Himmel vorbereitet werden, zustürmen – bis zu dem Augenblick, in dem der Herr kommt, um Sie abzuholen.

Warum haben sich unsere Vorväter im Glauben so angestrengt und so viel gelitten, um den engen Pfad des Herrn zu gehen, anstatt den einfachen Weg der Welt? Sie fasteten und beteten nächtelang, um ihre Sünden abzuwerfen und sich Gott ganz hinzugeben, denn sie hatten die Hoffnung auf den Himmel in sich. Da sie an Gott glaubten, der sie im Himmel entsprechend ihrer Taten belohnen würde, versuchten sie derart eifrig, heilig und in Gottes ganzem Haus treu zu sein.

Darum bete ich im Namen des Herrn Jesus, dass Sie nicht nur am siebenjährigen Hochzeitsmahl teilnehmen und in den Armen des Herrn sein, sondern auch nahe am himmlischen Thron Gottes verweilen werden, dadurch, dass Sie hier Ihr Bestes geben und Ihre ganze Hoffnung eifrig auf den Himmel setzen.

Kapitel 4

Seit der Schöpfung verborgene Geheimnisse des Himmels

Jesus antwortete: „Euch hat Gott die Geheimnisse seines Planes erkennen lassen, nach dem er schon begonnen hat, seine Herrschaft in der Welt aufzurichten; den anderen hat er diese Erkenntnis nicht gegeben. Denn wer viel hat, dem wird noch mehr gegeben werden, sodass er übergenug haben wird. Wer aber wenig hat, dem wird auch noch das Wenige genommen werden, das er hat. Aus diesem Grund rede ich in Gleichnissen, wenn ich zu ihnen spreche. Denn sie sehen zwar, aber erkennen nichts; sie hören zwar, aber verstehen nichts."

Das alles erzählte Jesus der Menschenmenge in Form von Gleichnissen; er sagte ihnen nichts, ohne Gleichnisse zu gebrauchen. Damit sollte in Erfüllung gehen, was Gott durch den Propheten angekündigt hatte: „Ich will in Gleichnissen reden, nur in Gleichnissen will ich von dem sprechen, was seit der Erschaffung der Welt verborgen ist."

- Matthäus 13,11-12, 34-35

Eines Tages, als Jesus am Ufer des Sees war, versammelten sich viele Menschen. Jesus erzählte ihnen viele Dinge in Gleichnissen. Da fragten Jesu Jünger: „Warum redest du in Gleichnissen zu ihnen?" Jesus antwortete Ihnen:

Euch hat Gott die Geheimnisse seines Planes erkennen lassen, nach dem er schon begonnen hat, seine Herrschaft in der Welt aufzurichten; den anderen hat er diese Erkenntnis nicht gegeben. Denn wer viel hat, dem wird noch mehr gegeben werden, sodass er übergenug haben wird. Wer aber wenig hat, dem wird auch noch das Wenige genommen werden, das er hat. Aus diesem Grund rede ich in Gleichnissen, wenn ich zu ihnen spreche. Denn sie sehen zwar, aber erkennen nichts; sie hören zwar, aber verstehen nichts. An ihnen erfüllt sich die Voraussage des Propheten Jesaja: Hört nur zu, ihr versteht doch nichts; seht hin, so viel ihr wollt, ihr erkennt doch nichts! Denn dieses Volk ist im Innersten verstockt. Sie halten sich die Ohren zu und schließen die Augen, damit sie nur ja nicht sehen, hören und begreifen, sagt Gott. Sonst würden sie zu mir umkehren und ich könnte sie heilen.

Ihr dagegen dürft euch freuen; denn eure Augen sehen und eure Ohren hören. Ich versichere euch: Viele Propheten und Gerechte wollten sehen, was ihr jetzt seht, aber sie haben es nicht gesehen. Sie wollten hören, was ihr jetzt hört, aber sie haben es nicht gehört.
(Matthäus 13,11-17)

Wie Jesus sagte, konnten viele Propheten und gerechte die Geheimnisse vom Königreich der Himmel nicht sehen oder hören, obwohl sie sie gern hören und sehen wollten.

Doch weil Jesus, der Gott selbst im Fleisch ist, auf diese Erde herabkam (Philipper 2,6-8), war es nun erlaubt, Seinen Jüngern die Geheimnisse des Himmels zu offenbaren. Der Grund steht in Matthäus 13,35:

> *[D]amit erfüllt würde, was durch den Propheten geredet ist, der spricht: „Ich werde meinen Mund öffnen in Gleichnissen; ich werde aussprechen, was von Grundlegung der Welt an verborgen war."*

Jesus sprach in Gleichnissen, um das, was in der Heiligen Schrift stand, zu erfüllen.

Die seit der Zeit Jesu offenbarten Geheimnisse des Himmels

In Matthäus 13 stehen viele Gleichnisse über den Himmel. Der Grund dafür ist, dass Sie die Geheimnisse des Himmels ohne Gleichnisse nicht verstehen und begreifen könnten, selbst wenn Sie Ihre Bibel viele Male durchlesen würden.

> *„Mit dem Reich der Himmel ist es wie mit einem Menschen, der guten Samen auf seinen Acker säte."* *(24)*

> *„Das Reich der Himmel gleicht einem Senfkorn, das ein Mensch nahm und auf seinen Acker säte."* *(31-32)*

> *„Das Reich der Himmel gleicht einem Sauerteig, den*

eine Frau nahm und unter drei Maß Mehl mengte, bis es ganz durchsäuert war." (33)

„Das Reich der Himmel gleicht einem im Acker verborgenen Schatz..." (44)

„[D]as Reich der Himmel [gleicht] einem Kaufmann, der schöne Perlen suchte." (45-46)

„[D]as Reich der Himmel [gleicht] einem Netz, das ins Meer geworfen wurde und Fische von jeder Art zusammenbrachte." (47-48)

So predigte Jesus über den Himmel, also den geistlichen Bereich, in vielen Gleichnissen. Da der Himmel im unsichtbaren geistlichen Bereich ist, kann man ihn nur durch Gleichnisse begreifen.

Um das ewige Leben im Himmel zu erlangen, müssen Sie ein echtes Glaubensleben führen, wissen, wie Sie den Himmel in Besitz nehmen können, welche Art von Menschen dort einziehen und wann all dies in Erfüllung gehen wird.

Was ist denn das schlussendliche Ziel, wenn wir in die Gemeinde gehen und ein Leben aus dem Glauben heraus führen? Gerettet zu werden und in den Himmel zu kommen! Wie schade wäre es, wenn Sie nicht in den Himmel kämen, obwohl Sie lange Zeit in die Kirche gegangen sind!

Selbst zu Jesu Zeiten hielten sich viele Menschen an das Gesetz und bekannten ihren Glauben an Gott. Doch das berechtigte sie nicht, gerettet zu werden und in den Himmel zu kommen. In Matthäus 3,2 proklamierte Johannes der Täufer deshalb: *„Tut Buße! Denn das Reich der Himmel ist nahe* *gekommen!"* und er bereitete den Weg für den Herrn. Er sagte den Menschen auch, dass Jesus der Retter ist und am Tag des Jüngsten Gerichts auch als der Herr auftreten wird: *„Ich zwar taufe euch mit Wasser zur Buße; der aber nach mir kommt ... wird euch mit Heiligem Geist und Feuer taufen; seine Worfschaufel ist in seiner Hand, und er wird seine Tenne durch und durch reinigen und seinen Weizen in die Scheune sammeln, die Spreu aber wird er mit unauslöschlichem Feuer verbrennen"* (Matthäus 3,11-12).

Dennoch erkannten die Israeliten in Ihm nicht den Erretter; ja, sie kreuzigten Ihn sogar. Wie traurig ist es doch, dass sie bis heute auf den Messias warten!

Die dem Apostel Paulus offenbarten Geheimnisse des Himmels

Obwohl der Apostel Paulus nicht einer der ursprünglichen zwölf Apostel war, stand er keinem von ihnen darin nach, Zeugnis über Jesus Christus abzulegen. Bevor Paulus dem Herrn begegnete, war er ein Pharisäer, der sich streng an das Gesetz und die Traditionen der Ältesten hielt. Er war ein Jude, der von Geburt an die römische Staatsbürgerschaft hatte und sich an der Verfolgung der Urchristen beteiligte.

Doch nachdem Ihm der Herr auf der Straße nach Damaskus begegnet war, änderte sich Paulus und führte viele Menschen auf den Weg der Errettung, indem er sich darauf konzentrierte, die Heiden zu evangelisieren.

Gott wusste, Paulus würde für das Predigen des Evangeliums viel leiden müssen. Darum offenbarte Er Paulus viele wunderbare Geheimnisse des Himmels – damit er auf sein Ziel würde zustürmen können (Philipper 3,12-14). Gott ließ ihn das

75

Evangelium mit ganz großer Freude predigen, denn er hatte die
Hoffnung auf den Himmel in sich.

Lesen Sie die Epistel von Paulus. Sie werden sehen, dass er
voll vom Heiligen Geist inspiriert schrieb – über die Wiederkehr
des Herrn, die Entrückung der Gläubigen, ihre Wohnungen im
Himmel, die Herrlichkeit des Himmels, die ewigen Belohnungen
und Siegeskränze, den ewigen Priester Melchisedek und über
Jesus Christus.

Im 2. Korinther 12 teilt Paulus seine geistliche Erfahrung der
Gemeinde mit, die er in Korinth gegründet hatte, die sich aber
nicht nach Gottes Wort richtete:

> *Ihr zwingt mich dazu, dass ich mein Selbstlob*
> *noch weiter treibe. Zwar hat niemand einen Nutzen*
> *davon; trotzdem will ich jetzt von den Visionen und*
> *Offenbarungen sprechen, die vom Herrn kommen. Ich*
> *kenne einen mit Christus verbundenen Menschen, der*
> *vor vierzehn Jahren in den dritten Himmel versetzt*
> *wurde. Ich bin nicht sicher, ob er körperlich dort war*
> *oder nur im Geist; das weiß nur Gott. Jedenfalls weiß*
> *ich, dass diese Person ins Paradies versetzt wurde,*
> *ob körperlich oder nur im Geist, das weiß nur Gott.*
> *Dort hörte sie geheimnisvolle Worte, die kein Mensch*
> *aussprechen kann. (GN)*

Gott wählte den Apostel Paulus dazu aus, die Heiden zu
evangelisieren. Er läuterte ihn mit Feuer und schenkte ihm
Visionen und Offenbarungen. Gott ließ ihn Bedrängnisse mit
Liebe, Glauben und der Hoffnung auf den Himmel überwinden.
Paulus bekannte ja beispielsweise, dass er ins Paradies im dritten

Himmel geführt wurde und dort – vierzehn Jahren davor – Geheimnisse gehört hatte, die so wunderbar waren, dass es Menschen nicht gestattet war, darüber zu reden.

Ein Apostel ist jemand, der von Gott berufen ist und Seinen Willen vollkommen tut. Dennoch gab es unter den Mitgliedern der Gemeinde in Korinth einige, die sich von falschen Lehrern hatten täuschen lassen und den Apostel Paulus verurteilten.

Da listete der Apostel Paulus die Bedrängnisse auf, die er um des Herrn Willen erlitten hatte und er teilte auch seine geistlichen Erfahrungen mit, damit die Korinther für den Herrn zu einer schönen Braut werden würden, die Gottes Wort entsprechend handelte. Er wollte nicht mit seinen geistlichen Erlebnissen prahlen. Vielmehr verteidigte und bestätigte er sein Amt als Apostel, um die Gemeinde Christi dadurch aufzubauen und zu stärken.

An dieser Stelle muss Ihnen klar sein, dass der Herr nur denen Visionen und Offenbarungen schenkt, die in den Augen Gottes gerecht sind. Außerdem dürfen Sie nicht so sein wie die Korinther Gemeindemitglieder, die sich von falschen Lehrern hatten täuschen lassen und dann Paulus verurteilten. Verurteilen Sie ja niemanden, der sich für die Verbreitung von Gottes Reich einsetzt, viele Menschen rettet und von Gott anerkannt wird.

Die dem Apostel Johannes offenbarten Geheimnisse der Himmel

Der Apostel Johannes war einer der zwölf Jünger und Jesus liebte ihn sehr. Jesus nannte ihn nicht nur „Jünger", sondern nährte ihn auch geistlich, so dass dieser Ihm, seinem Mentor, aus der Nähe dienen konnte. Davor brauste Johannes immer so leicht auf, dass man ihn „Donnersohn" nannte. Doch er wurde, nachdem er von der Kraft Gottes verwandelt worden war, zum Apostel der Liebe. Johannes folgte Jesus und jagte der Herrlichkeit des Himmels nach. Er war auch der einzige Apostel, der die letzten sieben Worte hörte, die Jesus am Kreuz hängend sprach. Er war treu in seinen Pflichten als Apostel und wurde zu einem angesehenen Mann im Himmel.

Während der schlimmen Verfolgung der Christen durch das Römische Reich wurde Johannes in kochendes Öl geworfen. Er starb dadurch nicht und wurde stattdessen auf die Insel Patmos ins Exil geschickt. Dort vertiefte er sich in Gespräche mit Gott und schrieb die Offenbarung nieder, die voller Geheimnisse des Himmels ist.

Johannes berichtete über viele geistliche Dinge, wie zum Beispiel den Thron Gottes und das Lamm im Himmel, die Anbetung dort, die vier lebendigen Wesen um den Thron Gottes, die siebenjährige große Trübsal und die Rolle der Engel, das Hochzeitsmahl des Lammes und das Millennium, das Jüngste Gericht vor dem weißen Thron, die Hölle, das neue Jerusalem im Himmel und die tiefe Grube, den Abgrund.

Darum sagte Johannes in Offenbarung 1,1-3, dass in diesem Buch die Offenbarungen und Visionen des Herrn festgehalten sind und dass er alles niedergeschrieben habe, weil das Geschriebene bald stattfinden würde.

Offenbarung Jesu Christi, die Gott ihm gab, um seinen Knechten zu zeigen, was bald geschehen muß; und indem er sie durch seinen Engel sandte, hat er sie seinem Knecht Johannes kundgetan, der das Wort Gottes und das Zeugnis Jesu Christi bezeugt hat, alles, was er sah. Glückselig, der liest und die hören die Worte der

Weissagung und bewahren, was in ihr geschrieben ist!
Denn die Zeit ist nahe.

Der Ausdruck „die Zeit ist nahe" deutet darauf hin, dass die Zeit für die Wiederkehr des Herrn kurz bevorsteht. Darum ist es sehr wichtig, dass man durch den Glauben gerettet ist, denn nur das berechtigt einen Menschen, in den Himmel zu kommen. Selbst wenn Sie jede Woche in die Kirche gehen, können Sie nicht errettet sein, wenn Ihr Glaube nicht von Taten begleitet ist. Jesus sagt zu Ihnen: *„Nicht jeder, der zu mir sagt: Herr, Herr! wird in das Reich der Himmel hineinkommen, sondern wer den Willen meines Vaters tut, der in den Himmeln ist"* (Matthäus 7,21). Wenn Sie also nicht nach dem Worte Gottes handeln, dann ist klar, dass Sie nicht in den Himmel kommen können.

So erläutert der Apostel Paulus die Ereignisse und Weissagungen, die geschehen und in Erfüllung gehen werden ab dem 4. Kapitel der Offenbarung und kommt zu dem Schluss, dass der Herr zurückkommt und dass Sie Ihre Kleider reinwaschen müssen.

Gebt Acht, ich komme bald, und euren Lohn bringe ich mit. Jeder empfängt das, was seinen Taten entspricht. Ich bin das A und das O, der Erste und der Letzte, der Anfang und das Ende. Freuen dürfen sich alle, die ihre Kleider reinwaschen. Sie empfangen das Recht, die Frucht vom Baum des Lebens zu essen und durch die Tore in die Stadt hinein-zugehen (Offenbarung 22,12-14). (GN)

Geistlich gesehen steht ein Kleid für jemandes Herz und Handeln. Das Waschen dieser Robe bezieht sich darauf, Buße zu tun und sich zu bemühen, nach Gottes Willen zu leben.

Sie sollten daher wissen: Je mehr Ihr Glaube wächst, desto schöner wird auch Ihre Wohnung im Himmel sein.

Am Ende der Zeitalter offenbarte Geheimnisse des Himmels

Lassen Sie uns eintauchen in die Geheimnisse des Himmels, die offenbart sind und die sich am Ende der Zeitalter entsprechend der Gleichnisse Jesu in Matthäus 13 erfüllen werden.

Er wird die Bösen von den Gerechten trennen

In Matthäus 13,47-50 sagt Jesus, das Königreich der Himmel ist wie ein Netz, dass in einem See ausgeworfen wird, um Fische aller Art einzufangen. Was bedeutet das?

Wenn Gott sein Werk vollendet, wird es sein wie bei dem Netz, das im See ausgeworfen wurde und Fische aller Art einfing: Als es voll war, zogen es die Fischer an Land, setzten sich hin und sortierten den Fang. Die guten Fische kamen in Körbe, die unbrauchbaren wurden weggeworfen. So wird es auch am Ende der Welt sein. Die Engel Gottes werden kommen und die Menschen, die Böses getan haben, von denen trennen, die getan haben, was Gott will. Sie werden die Ungehorsamen in den glühenden Ofen werfen; dort gibt es nur noch Jammern und Zähneknirschen.

Mit dem „See" ist hier die Welt gemeint, die „Fische" sind die Gläubigen und der Fischer, der das Netz im See auswirft und die Fische fängt, ist Gott. Was bedeutet es dann, wenn Gott ein Netz auswirft, es wieder einholt, sobald es voll ist, die guten Fische in die Körbe und die schlechten wegwirft? Daraus sollen Sie lernen, dass am Ende der Zeitalter die Engel kommen werden, um die Gerechten für den Himmel und die Bösen für die Hölle zu sammeln.

Heutzutage meinen viele Menschen, dass sie definitiv in das Königreich der Himmel eingehen werden, wenn sie Jesus Christus annehmen. Doch Jesus sagte ganz deutlich: „Die Engel ... werden kommen und die Menschen, die Böses getan haben, von denen trennen, die getan haben, was Gott will. Sie werden die Ungehorsamen in den glühenden Ofen werfen." Die „Gerechten" hier sind die, die als „gerecht" eingestuft werden, weil sie in ihrem Herzen an Jesus Christus glauben und ihr Glaube sich in ihren Handlungen widerspiegelt. Sie sind nicht „gerecht", weil Sie Gottes Wort kennen, sondern nur, wenn Sie Seine Gebote einhalten und entsprechend Seinem Willen handeln (Matthäus 7,21).

In der Bibel stehen Gebote und Verbote, Dinge die man bewahren und die man wegtun soll. Nur die, die entsprechend dem Wort Gottes leben, sind „gerecht" und werden als solche Menschen eingestuft, die einen geistlichen und lebendigen Glauben haben. Es gibt Leute, die allgemein als gerecht eingestuft werden, aber die Frage ist, ob sie in den Augen der Mitmenschen oder aber in den Augen Gottes als „gerecht" gelten. Sie sollten also fähig sein, den Unterschied zwischen der Gerechtigkeit vor Menschen und der vor Gott zu kennen – und dann ein in Gottes Augen gerechter Mensch werden.

Wenn beispielsweise ein Mensch, der sich für gerecht hält, stiehlt, wer würde ihn dann noch als gerecht einschätzen? Wenn diejenigen, die sich „Kinder Gottes" nennen, weiter sündigen und nicht nach dem Gottes Wort leben, können sie nicht als „gerecht" betrachtet werden. Diese Art von Menschen sind die Bösen unter den „Gerechten".

Unterschiedlicher Glanz der himmlischen Körper

Wenn Sie Jesus Christ annehmen und sich nur nach dem Worte Gottes richten, werden Sie im Himmel wie die Sonne strahlen. Der Apostel Paulus beschreibt in 1. Korinther 15,40-41 die Geheimnisse des Himmels im Detail:

> *Und es gibt himmlische Leiber und irdische Leiber.*
> *Aber anders ist der Glanz der himmlischen, anders der der irdischen; ein anderer der Glanz der Sonne und ein anderer der Glanz des Mondes und ein anderer der Glanz der Sterne; denn es unterscheidet sich Stern von Stern an Glanz.*

Da man den Himmel nur durch Glauben in Besitz nehmen kann, macht es Sinn, dass der Glanz des Himmels sich unterscheiden wird – entsprechend dem Maß des Glaubens eines jeden Menschen. Darum gibt es einen Glanz der Sonne, des Mondes und der Sterne, wobei sich selbst der Glanz der verschiedenen Sterne unterscheidet.

Lassen Sie uns ein weiteres Geheimnis des Himmels anhand des Gleichnisses vom Senfkorn in Matthäus 13,31-32 betrachten:

Jesus erzählte ihnen noch ein anderes Gleichnis:
„Wenn Gott jetzt seine Herrschaft aufrichtet, geht es
ähnlich zu wie bei einem Senfkorn, das jemand auf
seinen Acker gesät hat. Es gibt keinen kleineren Samen;
aber was daraus wächst, wird größer als alle anderen
Gartenpflanzen. Es wird ein richtiger Baum, sodass
die Vögel kommen und in seinen Zweigen ihre Nester
bauen." (GN)

Ein Senfkorn ist so klein wie der Punkt, den man mit einem Kugelschreiber setzen kann. Ein so kleiner Samen wächst zu einem Baum heran, in dem die Vögel des Himmels sich niederlassen können. Was wollte uns Jesus denn durch dieses Gleichnis mit dem Senfkorn vermitteln? Die Lehre daraus ist, dass man den Himmel durch Glauben besitzt und dass es unterschiedliche Maße des Glaubens gibt. Auch wenn Ihr Glaube im Moment „klein" ist, können Sie ihn nähren und zu „großem" Glauben heranwachsen lassen.

Senfkorngroßer Glaube...

Jesus sagte in Matthäus 17,20: *„Wegen eures Kleinglaubens;*
denn wahrlich, ich sage euch, wenn ihr Glauben habt wie ein
Senfkorn, so werdet ihr zu diesem Berg sagen: Hebe dich weg
von hier dorthin! und er wird sich hinwegheben. Und nichts
wird euch unmöglich sein." Als Antwort auf die Bitte Seiner
Jünger: *„Mehre uns den Glauben!"* antwortete Jesus: *„Wenn*
ihr Glauben habt wie ein Senfkorn, so würdet ihr zu diesem
Maulbeerfeigenbaum sagen: Entwurzele dich und pflanze dich
ins Meer! Und er würde euch gehorchen." (Lukas 17,5-6)
Welche geistliche Bedeutung haben denn diese Verse? Wenn

senfkorngroßer Glaube wächst und zu großem Glauben wird, ist nichts mehr unmöglich. Wenn jemand Jesus Christus annimmt, bekommt er Glauben so groß wie ein Senfkorn. Wenn er diesen Samen in sein Herz sät, wird er aufgehen. Wenn er zu großem Glauben heranwächst – wie ein Baum, auf dem sich die Vögel niederlassen können – erlebt man das Wirken von Gottes Kraft so wie Jesus, der die Blinden sehend, die Tauben hörend, die Stummen sprechend und die Toten lebendig machte.

Wenn Sie meinen, Sie hätten Glauben, können aber nicht das Wirken der Kraft Gottes vorweisen, und haben immer noch Probleme in der Familie oder im Geschäft, dann liegt das daran, dass Ihr Glaube so klein wie ein Senfkorn und noch nicht zu einem Baum herangewachsen ist.

Der Wachstumsprozess von geistlichem Glauben

In 1. Johannes 2,12-14 beschreibt Johannes, der Apostel, das Wachsen von geistlichem Glauben.

Ich schreibe euch, Kinder, weil euch die Sünden vergeben sind um seines Namens willen. Ich schreibe euch, Väter, weil ihr den erkannt habt, der von Anfang an ist. Ich schreibe euch, ihr jungen Männer, weil ihr den Bösen überwunden habt. Ich habe euch geschrieben, Kinder, weil ihr den Vater erkannt habt. Ich habe euch, Väter, geschrieben, weil ihr den erkannt habt, der von Anfang an ist. Ich habe euch, ihr jungen Männer, geschrieben, weil ihr stark seid und das Wort Gottes in euch bleibt und ihr den Bösen überwunden habt.

Sie sollten wissen, dass es einen Wachstumsprozess für den

Glauben gibt. Sie müssen Ihren Glauben entwickeln und den Glauben von Vätern haben, so dass Sie Gott, der schon vor Anbeginn der Zeit existierte, wirklich kennen. Sie sollten sich nicht mit einem Glauben auf dem Niveau von geistlichen Kindern zufrieden geben. Denn die glauben nur, dass Ihnen Ihre Sünden um Jesu Christi Willen vergeben worden sind.

Matthäus 13,33 sagte Jesus: *„Wenn Gott jetzt seine Herrschaft aufrichtet, ist es wie mit dem Sauerteig: Eine Frau mengte eine Hand voll davon unter eine riesige Menge Mehl, und er machte den ganzen Teig sauer.“* (GN) Sie sollten also wissen: Es ist möglich, senfkorngroßen Glauben zu großem Glauben heranwachsen zu lassen – und zwar so schnell wie sich Hefe durch einen Teig arbeiten kann. Im 1. Korinther 12,9 heißt es ja auch, dass der Glaube eine geistliche Gabe ist, die Gott Ihnen geschenkt hat.

Erkaufen Sie sich den Himmel mit allem, das Sie haben

Sie müssen sich aktiv darum bemühen, den Himmel zu besitzen, denn der Himmel kann nur durch Glauben in Besitz genommen werden und das Wachsen von jemandes Glauben ist mit einem Prozess verbunden. Selbst in dieser Welt muss man hart dafür arbeiten, Wohlstand und Ruhm zu erlangen, mal ganz abgesehen davon, dass man genug Geld verdienen muss, um sich beispielsweise ein Haus zu kaufen. Sie bemühen sich so sehr, um diese Dinge zu kaufen und in Stand zu halten, obwohl Sie nichts davon für immer behalten können. Wie viel mehr müssen Sie sich dann wohl darum bemühen, den Glanz und die Wohnung im Himmel zu bekommen, die Sie für ewig haben werden?

In Matthäus 13,44 sagt Jesus: *„Das Reich der Himmel gleicht einem im Acker verborgenen Schatz, den ein Mensch* *fand und verbarg; und vor Freude darüber geht er hin und verkauft alles, was er hat, und kauft jenen Acker.*" In Matthäus 13,45-46 führt Er fort: „*Wiederum gleicht das Reich der Himmel einem Kaufmann, der schöne Perlen suchte; als er aber eine sehr kostbare Perle gefunden hatte, ging er hin und verkaufte alles, was er hatte, und kaufte sie.*"

Welche Geheimnisse des Himmels werden also in den Gleichnissen vom im Acker verborgenen Schatz und der kostbaren Perle offenbart? Jesus hat normalerweise in Seinen Gleichnissen Dinge benutzt, die man leicht im täglichen Leben finden konnte. Lassen Sie uns zunächst das Gleichnis vom „im Acker verborgenen Schatz" betrachten.

Da gab es einen armen Bauern, der sich seinen Lebensunterhalt als Tagelöhner verdiente. Eines Tages ging er auf Bitten seines Nachbarn hin, um zu arbeiten. Dem Bauern wurde gesagt, der Acker sei unfruchtbar, weil er seit langem nicht mehr bestellt worden war. Nun wollte sein Nachbar Obstbäume anpflanzen, so dass das Land nicht brach liegen würde. Der Bauer stimmte zu, diese Arbeiten auszuführen. Als er dabei war, den Acker zu räumen, stieß er eines Tages mit seinem Spaten auf etwas Hartes. Er grub tiefer und fand einen riesigen Schatz im Ackerboden. Der Bauer, der diesen Schatz entdeckt hatte, fing an darüber nachzudenken, wie er diesen Schatz würde in Besitz nehmen können. Er beschloss, den Acker mit dem verborgenen Schatz zu kaufen. Da der Acker unfruchtbar war und brach lag, meinte der Bauer, der Besitzer würde ihn sicherlich problemlos weiterverkaufen.

Der Bauer ging zurück nach Hause, räumte seinen Besitz auf und fing an, das, was er hatte, zu verkaufen. Aber es reute ihn nicht, seinen ganzen Besitz zu veräußern, denn er hatte jenen Schatz entdeckt, der mehr wert war, als alles, was er vorher besessen hatte.

Das Gleichnis vom Schatz, der auf dem Acker verborgen war

Was sollte Ihnen durch das Gleichnis des im Acker verborgenen Schatzes klar werden? Ich hoffe, Sie verstehen das Geheimnis des Himmels, indem Sie auf die geistliche Bedeutung dieses Gleichnisses über den im Acker verborgenen Schatz unter vier Gesichtspunkten betrachten.

Erstens: Der Acker steht symbolisch für Ihr Herz und der Schatz steht für den Himmel. Es bedeutet, dass der Himmel, wie auch der Schatz, verborgen ist – in Ihrem Herzen.

Gott schuf den Menschen mit Geist, Seele und Leib. Der Geist ist so angelegt, dass er im Menschen als „Meister" die Oberhand haben und mit Gott kommunizieren soll. Die Seele ist darauf ausgelegt, den Befehlen des Geistes zu gehorchen und der Leib wurde als Wohnung für den Geist und die Seele geschaffen. Wie im 1. Mose 2,7 steht, gilt der Mensch als lebendiger Geist beziehungsweise als lebendiges Wesen.

Zu der Zeit als Adam, der erste Mensch, durch seinen Ungehorsam sündigte, starb allerdings der Geist, das heißt der Meister oder Herr des Menschen, und die Seele begann, sich als Boss aufzuspielen. Der Mensch geriet immer tiefer in die Sünde und musste den Weg des Todes gehen, weil er nicht mehr mit Gott kommunizieren konnte. Jetzt war der Mensch ein von der Seele regiertes Wesen, der sich unter der Kontrolle von Satan, dem Teufel, befand.

Deshalb sandte ein liebender Gott Seinen einzigen Sohn Jesus in die Welt, ließ Ihn kreuzigen und Sein Blut als Sühneopfer vergießen, um die gesamte Menschheit von ihren Sünden zu erlösen. Darum steht Ihnen der Weg zur Errettung offen und Sie können ein Kind unseres heiligen Gottes werden und wieder mit Ihm kommunizieren.

Jeder, der Jesus Christus als seinen persönlichen Erretter annimmt, empfängt den Heiligen Geist und sein Geist wird wiederbelebt. Er bekommt das Recht, ein Kind Gottes zu werden. Darum wird sein Herz voller Freude sein.

Es bedeutet, dass der Geist wieder mit Gott Kontakt aufnehmen und die Kontrolle über Seele und Leib übernehmen kann – als „Meister" des Menschen. Es bedeutet auch, dass er wieder begonnen hat, in Ehrfurcht vor Gott zu stehen, Seinem Wort zu gehorchen und die der Menschheit aufgetragenen Pflichten zu erfüllen.

So ist die Wiederbelebung des Geistes, als würde man einen im Acker verborgenen Schatz finden. Der Himmel ist wie der im Acker verborgene Schatz, denn der Himmel ist jetzt in Ihr Herz eingezogen.

Zweitens: Ein Mann, der einen im Acker verborgenen Schatz findet und sich darüber freut, ist wie jemand, der Jesus Christus annimmt und den Heiligen Geist empfängt. Der vorher tote Geist ist wieder belebt worden und der Mensch begreift, dass der Himmel nun in seinem Herzen ist und freut sich.

Jesus sagt in Matthäus 11,12, dass *„dem Reich der Himmel Gewalt angetan [wird], und Gewalttuende ... es an sich [reißen]."* (GN) Der Apostel Johannes schreibt in der Offenbarung 22,14: *„Glückselig, die ihre Kleider waschen, damit sie ein Anrecht am Baum des Lebens haben und durch* *die Tore in die Stadt hineingehen!"* (Offenbarung 22,14)

Hieraus können Sie lernen, dass nicht jeder, der Jesus Christus angenommen hat, im Königreich der Himmel an derselben Stelle wohnen wird. Je mehr Sie den Herrn widerspiegeln und wahrhaftig werden, desto schöner wird Ihr Zuhause im Himmel sein.

Diejenigen, die Gott lieben und auf den Himmel hoffen, werden in Allem nach Gottes Wort handeln und den Herrn widerspiegeln, indem sie all ihre Bosheit ablegen.

Sie besitzen das Königreich der Himmel in dem Maße, wie Sie Ihr Herz mit dem Himmel füllen, wo nur Güte und Wahrheit herrschen. Wenn Ihnen klar ist, dass der Himmel in Ihrem Herzen ist, werden Sie selbst hier auf Erden voller Freude sein.

Das ist jene Freude, die sie erleben, wenn Sie Jesus Christus gerade kennen gelernt haben. Stellen Sie sich vor, jemand war auf dem Weg in den Tod, erlangt dann aber durch Jesus Christus das wahre Leben und wird für ewig im Himmel sein. Wie froh muss derjenige sein! Er dürfte wohl sehr dankbar sein, weil er nun in seinem Herzen an das Königreich der Himmel glauben darf. So steht der Mann, der sich über den im Acker verborgenen Schatz freute, für jemanden, der froh ist, weil er Jesus Christus angenommen und nun das Königreich der Himmel im Herzen hat.

Drittens: Das erneute Verstecken des Schatzes, nachdem er ihn gerade gefunden hat, deutet darauf hin, dass jemandes toter Geist wiederbelebt wurde und dass er nun nach dem Willen Gottes leben wird. Allerdings kann er das, wozu er sich entschlossen hat, noch nicht richtig umsetzen, weil er die Kraft, um nach Gottes

Wort zu leben, noch nicht empfangen hat.

Der Bauer konnte den Schatz noch nicht gleich ausgraben, als er ihn gefunden hatte. Zunächst musste er seinen ganzen Besitz veräußern, um den Acker kaufen zu können. So wissen auch Sie, dass es Himmel und Hölle gibt und dass Sie in den Himmel kommen, wenn Sie Jesus Christus annehmen. Aber Sie können das nicht gleich am Anfang, wenn Sie beginnen, Gottes Wort zu hören, in all Ihren Handlungen zeigen.

Da Sie bisher ein ungerechtes Leben führten, in dem Sie entgegen dem Wort Gottes handelten, bis Sie Jesus Christus annahmen, ist noch viel Ungerechtigkeit in Ihrem Herzen verborgen. Wenn Sie nicht alle Unwahrheit aus Ihrem Herzen verbannen, obwohl Sie sich zu Gott bekennen, wird Satan Sie weiter in die Finsternis führen, so dass Sie gar nicht nach Gottes Wort leben können. So wie der Bauer den Acker erst kaufen konnte, nachdem er sein Hab und Gut verkauft hatte, können auch Sie erst dann an den Schatz in Ihrem Herzen gelangen, wenn Sie Unwahrheit aus Ihren Gedanken verbannen und ein wahrheitsliebendes Herz vorweisen können, dass Gott sich wünscht.

Sie müssen also der Wahrheit, das heißt dem Wort Gottes, folgen, indem Sie sich auf Gott verlassen und eifrig beten. Erst dann kann die Unwahrheit rausgeworfen werden und Sie empfangen die Kraft entsprechend dem Worte Gottes zu handeln und zu leben. Sie müssen sich bewusst sein, dass der Himmel nur für so eingestellte Menschen offen ist.

Viertens: Der Verkauf allen Hab und Guts impliziert, dass es nötig ist, dass Sie alle zur Seele gehörenden Unwahrheiten zerstören. Erst so kann der tote Geist wiederbelebt und zum

Herrn und Meister des Menschen werden.

Wenn der tote Geist wiederbelebt wird, dann wird Ihnen klar, dass es den Himmel gibt. Sie sollten den Himmel in Besitz nehmen, indem Sie alle unwahren Gedanken zerstören, denn sie gehören zur Seele und werden von Satan beherrscht. Außerdem sollte Ihr Glaube von entsprechenden Handlungen begleitet werden. Das ist im Prinzip so, wie wenn ein Kücken zum Schlüpfen die Eierschale aufpicken muss. Sie müssen also alle Taten und Wünsche des Fleisches ablegen, um den Himmel voll in Besitz nehmen zu können. Auch sollten Sie ein geistlicher Mensch werden, der die göttliche Natur des Herrn ganz und gar reflektiert (1. Thessalonicher 5,23).

Die Taten des Fleisches stellen die Bosheit des Herzens dar, die schließlich in Handlungen ausgedrückt werden. Die Gelüste des Fleisches beziehen sich auf alle möglichen Sünden, die jederzeit in Handlungen ausgedrückt werden könnten, auch wenn dass noch nicht tatsächlich geschehen ist. Wenn Sie beispielsweise Hass im Herzen haben, dann handelt es sich um den Willen des Fleisches. Wenn dieser Hass darin resultiert, dass Sie eine andere Person schlagen, ist daraus ein Werk des Fleisches geworden.

Im Galater 5,19-21 steht: *„Offenbar aber sind die Werke des Fleisches; es sind: Unzucht, Unreinheit, Ausschweifung, Götzendienst, Zauberei, Feindschaften, Hader, Eifersucht, Zornausbrüche, Selbstsüchteleien, Zwistigkeiten, Parteiungen, Neidereien, Trinkgelage, Völlereien und dergleichen. Von diesen sage ich euch im voraus, so wie ich vorher sagte, daß die, die so etwas tun, das Reich Gottes nicht erben werden.“*

Im Römerbrief 13,13-14 heißt es: *„Laßt uns anständig wandeln wie am Tag; nicht in Schwelgereien und Trinkgelagen,* *nicht in Unzucht und Ausschweifungen, nicht in Streit und Eifersucht; sondern zieht den Herrn Jesus Christus an, und treibt nicht Vorsorge für das Fleisch, daß Begierden wach werden!"* Im Römer 8,5 steht: „*Denn die, die nach dem Fleisch sind, sinnen auf das, was des Fleisches ist; die aber, die nach dem Geist sind, auf das, was des Geistes ist.*"

Der „Ausverkauf" bedeutet also, dass Sie alle Unwahrheiten, die Gottes Willen entgegenstehen, aus Ihrer Seele verbannen. Sie müssen einerseits alle Werke und den Willen des Fleisches ablegen, weil sie nicht dem Wort Gottes entsprechen, und sich andererseits von allem trennen, was Sie mehr als Gott geliebt haben.

Wenn Sie so eine Sünde nach der anderen, das heißt alles Böse, ablegen, wird Ihr Geist immer mehr belebt, Sie können sich nach Gottes Wort richten und werden in die Lage versetzt, dem Willen des Heiligen Geistes zu folgen. Schließlich werden Sie eine Person des Geistes und können Teilhaber an der Natur des Herrn werden (Philipper 2,5-8).

Den Himmel in Besitz zu nehmen, fängt im Herzen an

Jemand, der den Himmel im Glauben in Besitz nimmt, verkauft seine ganze Habe, indem er alles Böse ablegt und sich den Himmel im Herzen vergegenwärtigt. Wenn dann der Herr zurückkehrt, wird der Himmel, der zunächst nur wie ein Schatten schien, zur Realität – und ein solcher Mensch wird den ewigen Himmel besitzen. Derjenige, der den Himmel besitzt, ist der reichste Mensch, selbst wenn er alles, was er auf der Erde hatte, abgelegt hat. Auf der anderen Seite ist jemand, der den Himmel nicht hat, der ärmste von allen. Er besitzt praktische nichts, selbst, wenn ihm alles auf der Welt gehörte. Der Grund?

Alles, was Sie brauchen, ist in Jesus Christus zu finden. Alles andere ist nach dem Tod ohne Jesus Christus wertlos; dann steht nur noch das ewige Urteil aus.

Darum gab Matthäus seinen Beruf auf und folgte Jesus. Darum verließ Petrus sein Boot und seine Netze und folgte Jesus nach. Auch der Apostel Paulus erachtete, nachdem er Jesus Christus angenommen hatte, alles andere als Dreck. Der Grund, warum alle Apostel das taten, war, dass sie den Schatz finden und ausheben wollten. Denn: Er war mehr Wert als alles andere auf dieser Welt.

So müssen auch Sie ihren Glauben ausleben, indem Sie dem wahren Wort Gottes gehorchen und alle Unwahrheiten ablegen, die Gottes Wahrheit entgegenstehen. Sie müssen sich das Königreich der Himmel im Herzen vergegenwärtigen und alles Unwahre wie Halsstarrigkeit, Stolz und Hochmut ablegen, das heißt alles das, was Sie bisher als Schatz in Ihrem Herzen gehortet hatten.

Sie sollten also nicht nach den Dingen in der Welt Ausschau halten, sondern alles, was Sie haben, verkaufen, um sich den Himmel im Herzen real zu machen, damit Sie das ewige Reich der Himmel erben können.

Im Hause Meines Vaters sind viele Wohnungen

In Johannes 14,1-3 können Sie nachlesen, dass es im Himmel viele Wohnstätten gibt und dass Jesus Christus vorausgegangen ist, um im Himmel einen Ort für Sie persönlich vorzubereiten.

Euer Herz werde nicht bestürzt. Ihr glaubt an Gott,

glaubt auch an mich! Im Hause meines Vaters sind viele Wohnungen. Wenn es nicht so wäre, würde ich euch gesagt haben: Ich gehe hin, euch eine Stätte zu bereiten? Und wenn ich hingehe und euch eine Stätte bereite, so komme ich wieder und werde euch zu mir nehmen, damit auch ihr seid, wo ich bin.

Der Herr ging hin, um Ihnen eine himmlische Stätte vorzubereiten

Kurz bevor Jesus für Seine Kreuzigung festgenommen wurde, sagte Er Seinen Jüngern vieles von dem voraus, was geschehen würde. Er hatte Seine Jünger betrachtet: Sie waren beunruhigt, nachdem sie von Verrat durch Judas Iskariot, von der Leugnung des Petrus und Jesu Tod gehört hatten. Jesus tröstete sie, indem Er ihnen von den Wohnungen im Himmel erzählte.

Darum sagte Er: *„Im Haus meines Vaters gibt es viele Wohnungen, und ich gehe jetzt hin, um dort einen Platz für euch bereitzumachen. "* (GN) Jesus wurde gekreuzigt, stand nach drei Tagen wahrlich wieder auf und brach damit die Autorität des Todes. Vierzig Tage später stieg Er im Beisein vieler Zeugen in den Himmel auf, um einen himmlischen Ort für Sie vorzubereiten.

Was ist mit dem Satz: „Ich gehe hin, um euch eine Stätte vorzubereiten" gemeint? In 1. Johannes 2,2 steht: *„ Durch seinen Tod hat er Sühne für unsere Schuld geleistet, ja sogar für die Schuld der ganzen Welt. "* (GN) Das bedeutet, dass Jesus die Mauer der Sünde, die zwischen den Menschen und Gott stand, niedergerissen hat, damit jeder Mensch den Himmel im Glauben in Besitz nehmen kann.

Ohne Jesus Christus hätte die Mauer der Sünde zwischen Gott und Ihnen nicht zum Einsturz gebracht werden können. Im Alten Testament musste jemand, der gesündigt hatte, ein Tier opfern, um seine Sünde zu sühnen. Jesus hat es Ihnen nun ermöglicht, dass Ihnen für Ihre Sünden vergeben werden kann. Er selbst wurde ein heiliges Opfer – ein für allemal (Hebräer 10:12-14).

Einzig und allein durch Jesus Christus konnte die Mauer der Sünde zwischen Gott und Ihnen zum Einsturz gebracht werden. Nur so können Sie den Segen empfangen, in das Königreich der Himmel einzutreten und sich auf ein schönes und glückliches Leben in Ewigkeit freuen.

Im Hause Meines Vaters sind viele Wohnungen

Jesus sagte in Johannes 14,2: *„Im Hause meines Vaters sind viele Wohnungen."* In diesem Vers steckt das Herz des Herrn, der möchte, dass alle gerettet werden. Nebenbei bemerkt: Warum sagte Jesus: „Im Hause meines Vaters", anstatt „Im Königreich der Himmel"? Nun, Gott will keine „Einwohner", sondern „Kinder" haben, die in Ewigkeit an Seiner väterlichen Liebe teilhaben werden.

Im Himmel regiert Gott und Er ist groß genug, um alle, die aus Glauben gerettet sind, aufzunehmen. Es ist außerdem ein Ort, der so schön ist, dass er mit nichts auf dieser Welt verglichen werden könnte. Im Königreich der Himmel, das unbeschreiblich groß ist, ist das neue Jerusalem der schönste und herrlichste Ort. Dort steht der Thron Gottes. So wie es das Blaue Haus in Seoul, der Hauptstadt Koreas, und das Weiße Haus in Washington, D.C., der Hauptstadt der Vereinigten Staaten, gibt, wo jeweils die Präsidenten leben, steht im neuen

Jerusalem der Thron Gottes.

Und wo genau im neuen Jerusalem? In der Mitte des Himmels. Das ist auch der Ort, wo Menschen des Glaubens, die Gott wohlgefällig gehandelt haben, für ewig leben werden. Im Gegenzug dazu ist das Paradies der Ort, der am äußersten Rand des Himmels zu finden ist. So wie der Dieb, der zur Rechten Jesu gekreuzigt wurde, Ihn annahm und gerettet wurde, kommen die, die Jesus Christus nur angenommen, aber nichts für das Königreich Gottes getan haben, dorthin.

Im Himmel gilt das Maß des Glaubens

Warum hat Gott im Himmel viele Wohnungen für Seine Kinder vorbereitet? Gott ist gerecht und lässt Sie ernten, was Sie gesät haben (Galater 6,7). Er belohnt jeden Menschen nach dem, was er getan hat (Matthäus 16,27; Offenbarung 2,23). So hat Er auch Wohnungen entsprechend dem Maß des Glaubens vorbereitet.

In Römer 12,3 steht: *„Denn ich sage durch die Gnade, die mir gegeben wurde, jedem, der unter euch ist, nicht höher von sich zu denken, als zu denken sich gebührt, sondern darauf bedacht zu sein, daß er besonnen sei, wie Gott einem jeden das Maß des Glaubens zugeteilt hat."*

Ihnen sollte also bewusst sein, dass die Wohnung und die Herrlichkeit einer jeden Person im Himmel sich jeweils nach dem Maß des Glaubens richten.

Die Art Ihrer Wohnung im Himmel hängt von dem Maß ab, in dem Sie das Herz Gottes widerspiegeln. Das heißt, Ihre ewige Wohnung im Himmel wird davon beeinflusst, inwieweit Sie als geistlich gesinnte Person sich den Himmel in Ihrem Herzen zueigen gemacht haben.

Ein Beispiel: Sagen wir mal, ein Kind und ein Erwachsener nehmen an einem Sportwettkampf oder einer Diskussion teil. Da sich aber die Welt von Kindern und die von Erwachsenen so stark unterscheiden, würde das Kind bald zu dem Schluss kommen, dass es langweilig ist, mit Erwachsenen zusammen zu sein. Die Denkweise, Sprache und das Handeln von Kindern ist ganz anders als von Erwachsenen. Wenn Kinder mit Kindern spielen, Jugendliche mit Jugendlichen oder Erwachsene mit Erwachsenen zusammen sind, dann macht es Spaß.

Geistlich gesehen ist es dasselbe. Da Jedermanns Geist anders ist, hat unser liebender und gerechter Gott die Wohnungen im Himmel nach dem Maß des Glaubens getrennt, damit Seine Kinder dort glücklich sein können.

Der Herr kommt zurück, wenn die himmlischen Wohnungen fertig sind

In Johannes 14,3 verspricht der Herr, dass Er zurückkommen und uns in das Königreich der Himmel holen wird, wenn Er die Stätten im Himmel bereitet hat.

Stellen Sie sich vor, da wäre ein Mann, der irgendwann einmal Gottes Gnade annahm und im Himmel viele Belohnungen auf sich warten hat, weil er treu war. Doch wenn er sich wieder den Wegen der Welt zuwendet, fällt er vom Heil ab und landet in der Hölle. Dann haben all seine himmlischen Belohnungen keinerlei Wert. Auch wenn er nicht in die Hölle kommt, können seine Belohnungen immer noch nutzlos werden.

Wenn er Gott enttäuscht und Ihm Schande macht – auch wenn er vorher treu war, oder wenn er Rückschritte macht oder auf der gleichen Ebene in seinem Leben als Christ stecken bleibt, wo er eigentlich doch nur Fortschritte machen sollte, werden seine Belohnungen kleiner.

Dennoch vergisst der Herr nichts von dem, was Sie geschaffen haben und wie Sie versucht haben, im Königreich Gottes treu zu sein. Wenn Sie Ihr Herz heiligen, in dem Sie es vom Heiligen Geist beschneiden lassen, werden Sie beim Herrn sein, wenn Er zurück kommt und Ihnen wird der Segen zuteil, an dem Ort zu bleiben, der wie die Sonne strahlt. Da der Herr möchte, dass alle Kinder Gottes vollkommen sind, sagte Er: *„Dann werde ich zurückkommen und euch zu mir nehmen, damit auch ihr seid, wo ich bin.“* (GN) Jesus möchte, dass Sie sich reinigen, so wie der Herr rein ist und festhalten an dem Wort der Hoffnung.

Als Jesus den Willen Gottes vollkommen erfüllt und Ihn mächtig verherrlicht hatte, verherrlichte Gott Jesus und gab Ihm einen neuen Namen: „König der Könige, Herr der Herren“. Ebenso führt Gott Sie in dem Maße in die Herrlichkeit, wie Sie Ihn in dieser Welt verherrlicht haben. So sehr, wie Sie Gott ähnlich und von Ihm geliebt werden, so nahe werden Sie auch im Himmel bei Gottes Thron leben.

Die Wohnungen im Himmel erwarten ihre Meister, das heißt die Kinder Gottes – etwa so, wie eine bereite Braut auf ihren Bräutigam wartet. So schrieb auch der Apostel Johannes in der Offenbarung 21,2: *„Und ich sah die heilige Stadt, das neue Jerusalem, aus dem Himmel von Gott herabkommen, bereitet wie eine für ihren Mann geschmückte Braut.“*

Doch selbst die besten Dienste einer schönen Braut in dieser Welt lassen sich nicht mit dem Komfort und dem Glück in den himmlischen Wohnungen vergleichen. In den Häusern im

Himmel gibt es alles; jeder Wunsch wird dem Meister von den Augen gelesen, damit er in Ewigkeit das höchste Glück erlebt.

In den Sprüchen 17,3 steht: „*Der Schmelztiegel für das Silber und der Ofen für das Gold; aber ein Prüfer der Herzen ist der HERR.* " So bete ich im Namen des Herrn Jesus, dass Ihnen bewusst wird, dass Gott Menschen verfeinert und läutert, um sie zu Seinen wahren Kindern zu machen. Heiligen Sie sich durch die Hoffnung auf das neue Jerusalem und machen Sie sich ernsthaft auf den Weg, um das Beste des Himmels zu erlangen, indem Sie im Hause Gottes in allem treu sind.

Kapitel 5

Wie werden wir im Himmel leben?

Und es gibt himmlische Leiber
und irdische Leiber.
Aber anders ist der Glanz
der himmlischen, anders der der irdischen;
ein anderer der Glanz der Sonne
und ein anderer der Glanz des Mondes
und ein anderer der Glanz der Sterne;
denn es unterscheidet sich Stern von Stern an Glanz.
- 1. Korinther 15,40-41

Das Glück im Himmel lässt sich nicht einmal mit den schönsten und herrlichsten Dingen auf dieser Erde vergleichen. Selbst wenn Sie es genießen, mit Ihren Lieben am Strand zu sein und auf den Horizont zu blicken, dauert dieses Glück doch nur einen Augenblick an und es ist nicht das wahre Glück. Denn irgendwo im Hinterkopf gibt es noch Sorgen über Dinge, die Sie angehen müssen, wenn Sie wieder in den Alltag zurückkehren. Wenn Sie dies in Ihrem Leben einen Monat oder zwei oder vielleicht ein Jahr immer wiederholen, wird es Ihnen bald langweilig und Sie halten nach etwas anderem Ausschau.

Dagegen stellt das Leben im Himmel, wo alles so wunderschön und kristallklar ist, das eigentliche Glück dar, denn alles ist neu und geheimnisvoll, es macht froh und beschert Ihnen fortwährend Freude. Sie können mit Gott, dem Vater, und dem Herrn herrlich Zeit verbringen, oder Ihrem Hobby nachgehen oder ein Lieblingsspiel spielen oder nach Herzenslust all die anderen interessanten Dinge tun, die Sie mögen. Lassen Sie uns näher betrachten, wie die Kinder Gottes leben, wenn Sie in den Himmel kommen.

Der Lebensstil im Himmel

So wie sich Ihr physischer Leib in einen geistlichen verwandelt, der auch im Himmel aus Geist, Seele und Leib bestehen wird, werden Sie Ihren Ehemann beziehungsweise Ihre Ehefrau, Ihre Kinder und Ihre Eltern, die Sie auf der Erde hatten, erkennen können. Sie werden auch Ihren irdischen Hirten oder Ihre Gemeinde wieder erkennen. Sie werden sich an Dinge erinnern, die hier auf Erden in Vergessenheit geraten waren. Sie werden sehr weise sein, denn Sie werden den Willen Gottes erkennen und begreifen.

Einige fragen sich vielleicht: „Werden im Himmel all meine Sünden bloßgestellt?" Nein, das werden sie nicht. Wenn Sie bereits Buße getan haben, wird Gott sich Ihrer Sünden nicht erinnern. Er hat sie so weit von Ihnen weggetan, wie der Osten vom Westen entfernt ist (Psalm 103,12). Er wird sich nur Ihrer guten Taten erinnern, denn alle Ihre Sünden werden vergeben sein, wenn Sie im Himmel ankommen.

Also: Wenn Sie in den Himmel kommen, wie sehr werden Sie sich verändern und dort leben?

Der himmlische Leib

Menschen und Tiere auf der Erde haben ihre Form, damit jedes Lebewesen, ob Elefant, Löwe, Adler oder Mensch als solcher erkannt wird.

So wie ein Leib hier in dieser dreidimensionalen Welt seine eigene Gestalt hat, gibt es in der vierdimensionalen Welt auch einen einzigartigen Leib. Man bezeichnet ihn als himmlischen Leib. Daran werden Sie sich im Himmel gegenseitig erkennen. Und wie sieht Ihr himmlischer Leib aus?

Wenn der Herr in der Luft zurückkehrt, wird jeder von Ihnen verwandelt und bekommt einen geistlichen Leib. Dieser Auferstehungsleib wird – auf einer höheren Ebene – in einen himmlischen Leib verwandelt, und zwar nach dem jüngsten Gericht. Je nach dem, welche Belohnungen jemand bekommt, wird sich das Licht der Herrlichkeit, das von diesem Leib ausstrahlt, bei jedem unterscheiden.

Ein himmlischer Leib hat auch Knochen und Fleisch wie der Leib Jesus direkt nach Seiner Auferstehung (Johannes 20,27). Doch es ist ein neuer Leib, der aus Geist, Seele und einem unverweslichem Leib besteht. Unser sterblicher Leib wird in einen neuen Leib verändert – durch das Wort und die Kraft Gottes.

Der himmlische Leib, der aus unsterblichen Knochen und Fleisch besteht, wird strahlen, weil er erfrischt und rein ist. Wenn hier jemand nur einen Arm oder ein Bein hat oder irgendwie behindert ist, wird der himmlische Leib ganz wiederhergestellt sein.

Der himmlische Leib ist nicht schwach wie ein Schatten, sondern hat eine klare Gestalt, die nicht der Kontrolle von Zeit und Raum untersteht. So konnte Jesus, als Er nach Seiner

Auferstehung den Jüngern erschien, ganz leicht durch Wände gehen (Johannes 20,26).

Auf Erden kann ein Körper Runzeln bekommen oder im Alter steif werden. Dagegen bleibt der himmlische Körper frisch – er ist unsterblich, das heißt er bleibt immer jung und strahlt wie die Sonne.

Im Alter von 33 Jahren

Viele fragen sich, ob der himmlische Leib so groß wie der eines Erwachsenen oder so klein wie der eines Kindes sein wird. Nun, im Himmel werden alle Menschen, egal ob sie jung oder alt waren, als sie gestorben sind, in Ewigkeit 33 Jahre alt sein – so wie Jesus, als Er hier auf Erden gekreuzigt wurde.

Warum lässt Gott Sie im Himmel in Ewigkeit 33 Jahre alt sein? So wie die Sonne mittags am hellsten scheint, erreicht man mit 33 Jahren den Höhepunkt seines Lebens.

Die, die jünger als 33 sind, sind noch etwas unerfahren und unreif, die über 40-jährigen verlieren an Kraft, wenn sie älter werden. Aber im Alter von 33 sind die Menschen reif und in jeder Hinsicht schön. Die meisten von Ihnen heiraten dann, bekommen und erziehen Kinder, so dass sie in einem gewissen Maße das Herz Gottes, der die Menschen hier auf Erden erzieht, verstehen können.

So verwandelt Gott Sie also in Ihren himmlischen Leib und Sie werden das jugendliche Alter von 33 Jahren in Ewigkeit haben – das schönste Alter für einen Menschen.

Keine biologischen Beziehungen

Stellen Sie sich einmal vor, wie lustig es wäre, wenn Sie im

Himmel für immer so aussehen würden, wie Sie aussahen, als Sie diese Welt verlassen haben! Zum Beispiel: ein Mann stirbt im Alter von 40 und kommt in den Himmel. Danach stirbt zuerst sein Sohn mit 50 und dann der Enkel mit 90 Jahren; beide kommen ebenfalls in den Himmel. Wenn die sich im Himmel begegnen würden, wäre der Enkel der älteste und der Großvater der jüngste.

So hat Gott in Seiner Gerechtigkeit und Liebe entschieden, dass im Himmel alle 33 Jahre alt sein werden; biologische oder physische Beziehungen spielen keine Rolle mehr.

Keiner nennt den anderen „Vater", „Mutter", „Sohn" oder „Tochter", auch wenn sie auf Erden Eltern und Kinder waren. Der Grund: Alle sind als Kinder Gottes Geschwister. Da sie wissen, dass sie einst auf Erden Eltern und Kinder waren und sich sehr lieb hatten, können sie einander auch dort besonders liebevoll begegnen.

Was ist aber, wenn die Mutter in das zweite Königreich der Himmel einkehrt und ihr Sohn ins neue Jerusalem einzieht? Auf der Erde musste der Sohn selbstverständlich der Mutter dienen. Im Himmel muss sich aber dann die Mutter vor dem Sohn verneigen, weil er Gott, den Vater, stärker widerspiegelte und das Licht, das von seinem Leib aus strahlt, viel heller als ihres ist.

Daher ruft man die anderen auch nicht bei ihren irdischen Namen oder Titel. Gott der Vater vergibt neue, passende Namen, von denen jeder eine geistliche Bedeutung hat. Selbst auf der Erde hat Gott Namen verändert, zum Beispiel Abram in Abraham, Sarai in Sarah, Jakob in Israel. Letzterer bedeutet, dass er (Jakob) mit Gott gekämpft und überwunden hatte.

Der Unterschied zwischen Männern und Frauen im Himmel

Im Himmel gibt es keine Ehen, dennoch gibt es einen Unterschied zwischen Männern und Frauen. Erstens sind die Männer zwischen 1,83 Meter und 1,88 Meter groß und die Frauen circa 10 Zentimeter kleiner.

Manche Leute sorgen sich sehr wegen ihrer Größe, weil sie entweder zu klein oder zu groß sind. Im Himmel brauchen sie sich deswegen keine Sorgen zu machen. Auch über sein Gewicht braucht sich keiner zu sorgen, weil jeder eine passende und schöne Figur haben wird.

Himmlische Leiber verspüren kein Gewicht, auch wenn es so aussieht als wögen sie etwas. Doch selbst wenn jemand über Blumen geht, werden die nicht zerdrückt oder zertreten. Himmlische Leiber kann man nicht wiegen, dennoch können sie vom Wind nicht weggeblasen werden, weil sie sehr stabil sind. Da sie selbst ein bestimmtes Gewicht haben, obwohl sie es nicht spüren können, heißt das, dass sie auch eine Gestalt und ein gewisses Aussehen haben. Es ist so, als würde man ein Blatt Papier hochheben. Man fühlt zwar sein Gewicht nicht, aber man weiß, dass es etwas wiegt.

Das Haar ist blond und leicht gewellt. Das Haar der Männer reicht bis zum Hals, die Haarlänge bei den Frauen unterscheidet sich aber. Langes Haar bei den Frauen bedeutet, dass sie großartige Belohnungen bekommen haben. Das längste Haar reicht bis zur Hüfte. Es ist eine große Ehre langes Haar zu haben und die Frauen sind stolz darauf (1. Korinther 11,15)

Auf der Erde versuchen die meisten Frauen weiße, weiche Haut zu haben. Sie benutzen Kosmetika, damit die Haut straff und weich bleibt und kein Falten bekommt. Im Himmel werden alle makellos weiße, klare und reine Haut haben, die im Licht der Herrlichkeit erstrahlt. Da es überdies im Himmel nichts Böses gibt, braucht auch niemand Make-up zu tragen oder sich über sein Äußeres zu sorgen, weil dort alles schön ist. Das Licht der Herrlichkeit tritt aus den himmlischen Leibern und strahlt umso weißer, klarer und heller, je stärker jemand in der Heiligung lebte und das Herz des Herrn widerspiegelte. Daran entscheidet sich auch die Hierarchie, die dann beibehalten wird.

Das Herz der Menschen im Himmel

Menschen mit einem himmlischen Leib haben das Herz des Geistes selbst, das heißt die göttliche Natur. Dort gibt es nichts Böses. So wie Menschen auf Erden gute und schöne Dingen haben und berühren wollen, möchten auch die Herzen von Menschen mit einem himmlischen Leib die Schönheit anderer spüren, sie betrachten und berühren. Dennoch gibt es dabei keinerlei Habgier oder Neid.

Menschen auf Erden ändern Dinge zu ihrem eigenen Nutzen. Sie werden selbst schöner und guter Dinge müde. Das Herz von Menschen mit einem himmlischen Leib kennt keine List und ändert sich nie.

Zum Beispiel wissen Menschen, die auf der Erde arm sind, dennoch, wie sie auch aus billigen, minderwertigen Nahrungsmitteln etwas Gutes herrichten können. Wenn sie aber reicher werden, wollen sie nicht mehr das essen, was sie vorher kannten. Sie halten immer Ausschau nach etwas Besserem. Wenn man Kindern ein neues Spielzeug kauft, sind sie anfangs überglücklich darüber. Doch schon ein paar Tage später, ist es ihnen zuwider und sie wollen ein neues haben. Im Himmel gibt es diese Einstellung nicht. Wenn Sie einmal etwas mögen, gefällt es Ihnen in Ewigkeit.

Die Kleidung im Himmel

Manche meinen, im Himmel wäre die Kleidung identisch. Dem ist aber nicht so. Gott ist der Schöpfer und ein gerechter Richter, der Ihnen rückerstattet, was Sie auf Erden getan haben. So wie sich im Himmel die Belohnungen unterscheiden, tun dies auch die Kleider in Abhängigkeit von jemandes Taten auf dieser Erde (Offenbarung 22,12). Also welche Art von Kleidung und welche Accessoires werden Sie im Himmel tragen?

Himmlische Kleider in unterschiedlichen Farben und Designs

Im Himmel tragen zunächst einmal alle hellweiß strahlende Kleider. Sie sind so weich wie Seide und so leicht, als würden sie gar nichts wiegen und sie schwingen sehr schön.

Da jeder einen anderen Grad der Heiligung erlangt hat, ist das Licht, das aus der Kleidung kommt, unterschiedlich. Es strahlt verschieden hell. Je mehr jemand Gottes Herz widerspiegelte, desto heller und brillanter strahlen die Kleider.

Je nachdem, wie sehr jemand für das Königreich gearbeitet und Gott verherrlicht hat, gibt es verschiedene Arten von Kleidern, die sich im Design und im Material unterscheiden.

Hier auf Erden tragen Menschen je nach ihrem sozialen und wirtschaftlichen Status unterschiedliche Kleidung. Auch im Himmel werden Ihre Kleider mehr Farben haben und raffinierter geschneidert sein, je höher ihre Position ist. Ebenso sind Frisuren und Accessoires unterschiedlich.

Früher konnte man durch das Betrachten der Farben von jemandes Kleidung erkennen, aus welcher sozialen Schicht die Person stammte. Im Himmel erkennen die Menschen daran jemandes Position und die Menge seiner Belohnungen. Wenn jemand eine bestimmte Farbe und ein spezielles Design trägt, bedeutet dies, dass er ein größeres Maß an Herrlichkeit erlangt hat.

Diejenigen, die in das neue Jerusalem einziehen oder viel für das Königreich Gottes getan haben, bekommen die schönsten und farbenprächtigsten Kleider, die dann auch am meisten schillern.

Wenn Sie andererseits nicht viel für das Königreich Gottes getan haben, bekommen Sie im Himmel auch nur ein paar Kleider. Wenn Sie im Gegensatz dazu mit Glauben und Liebe viel erreicht haben, werden sie unzählige Kleider in vielen Farben und mit verschiedenen Designs bekommen.

Himmlische Kleider mit verschiedenen Accessoires

Gott vergibt Kleidung mit verschiedenen Accessoires, um jedermanns Herrlichkeit zu zeigen. So wie früher die königlichen Familien ihre Position durch besondere Accessoires auf ihrer Kleidung zeigten, gibt auch die himmlische Kleidung mit den unterschiedlichen Accessoires jemandes Position und Herrlichkeit im Himmel wieder.

Zu den Accessoires gehören Danksagung, Lobpreis, Gebet, Freude, Herrlichkeit und so weiter; diese können in die himmlischen Kleider hinein gewoben werden. Wenn Sie in diesem Leben wegen der Liebe und Gnade Gottes, des Vaters, und des Herrn mit dankbaren Gedanken ihre Lobpreislieder singen oder aber wenn Sie singen, um Gott zu verherrlichen, nimmt Er Ihr Herz wie ein schönes Aroma entgegen und Er fügt das Lobpreis-Accessoire in Ihre himmlischen Kleider ein.

Die Accessoires für Freude und Dank werden in die Kleidung derer herrlich eingearbeitet, die wirklich von Herzen froh und dankbar waren, wann immer sie an die Gnade von Gott, dem Vater, dachten, der Ihnen das ewige Leben und das Königreich der Himmel geschenkt hat – sogar als sie auf der Erde durch Leiden und Prüfungen gingen.

Außerdem gibt es noch das Accessoire des Gebets für diejenigen, die Ihr Leben in das Gebet für das Königreich Gottes investiert haben. Doch das schönste aller Accessoires ist das der Herrlichkeit. Sich dieses zu verdienen ist am allerschwersten. Es steht nur für die bereit, die aus wahrhaftigem Herzen alles für die Herrlichkeit Gottes taten. So wie ein König oder Präsident besondere Medaillen oder Ehrungen an Soldaten vergeben, die Außergewöhnliches geleistet haben, wird die Herrlichkeit insbesondere denen zuteil, die wirklich eifrig für das Königreich Gottes gearbeitet und Ihm viel Ehre gebracht haben. So sind diejenigen, die mit Herrlichkeit verzierte Kleider tragen, die edelsten im ganzen Königreich der Himmel.

Siegeskränze und Edelsteine als Belohnung

Im Himmel gibt es unzählige Edelsteine. Einige davon werden als Belohnung vergeben und in Kleider eingearbeitet. In der Offenbarung lesen Sie, dass der Herr eine goldene Krone und einen Gürtel um die Brust trägt. Auch dabei handelt es sich um Belohnungen, die Ihm Gott übergeben hat.

In der Bibel wird von vielen Kronen beziehungsweise Siegeskränzen berichtet. Die Voraussetzungen für einen

Siegeskranz und der Wert der Siegeskränze sind unterschiedlich, weil sie als Belohungen vergeben werden.

Viele Siegeskränze werden entsprechend der Taten einer Person vergeben. Dabei handelt es sich um unverwelkliche Siegeskränze – anders als die Kränze für die Teilnahme an einem Wettlauf (1. Korinther 9,25). Es gibt auch die Siegeskränze der Herrlichkeit für die, die Gott verherrlicht haben (1. Petrus 5,4), daneben die Siegeskränze des Lebens für die, die bis zum Tod treu waren (Jakobus 1,12; Offenbarung 2,10) und die goldenen Siegeskränze der vierundzwanzig Ältesten, die um Gottes Thron herum sitzen (Offenbarung 4,4; 14,14). Paulus sehnte sich nach solch einem Siegeskranz (2. Timotheus 4,8).

Die Siegeskränze sind sehr verschieden und mit Edelsteinen geschmückt: Es gibt welche mit Blumen, Perlen und so weiter. An der Art des Kranzes, den jemand empfängt, kann man seine Heiligkeit und die Belohnungen erkennen.

Auf der Erde kann jeder Schmuck kaufen, wenn er Geld hat. Im Himmel dagegen kann man Edelsteine nur bekommen, wenn man sie als Belohnung erhält. Die Anzahl und Art der Belohnungen wird von verschiedenen Faktoren bestimmt: Wie viele Menschen hat man zur Errettung geführt, wie viele Opfer hat man aus einem wahrhaftigen Herzen gegeben, in welchem Maße war man treu. So müssen sich die Edelsteine und Siegeskränze praktisch unterscheiden, weil sie von jedermanns Taten abhängig sind. Auch das Licht, die Schönheit, der Glanz und die Anzahl der Edelsteine und Siegeskränze unterscheiden sich.

Das Gleiche trifft auf die Wohnungen und Häuser im Himmel zu. Diese Wohnstätten unterscheiden sich je nach dem Glauben der Person: die Größe und Schönheit, der Glanz des Goldes und anderer Edelsteine sind bei jedem Haus

anders. Sie können ab Kapitel 6 einen genaueren Blick auf diese
Wohnstätten werfen.

Essen im Himmel

Als die ersten Menschen, Adam und Eva, im Garten
Eden lebten, aßen sie Früchte und samentragendes Kraut
(1. Mose 1,29). Als Adam aber aus dem Garten Eden wegen
seines Ungehorsams vertrieben worden war, fingen sie an,
auch die Pflanzen des Feldes zu essen. Nach der Sintflut
durften die Menschen auch Fleisch essen. Je böser der Mensch
moralisch gesehen wurde, desto mehr änderte sich auch seine
Ernährungsweise.

Was werden Sie also im Himmel essen, wo es nichts Böses
gibt? Manche fragen sich vielleicht, ob der himmlische Leib
Nahrung braucht. Im Himmel können Sie das Wasser des Lebens
trinken und viele verschiedene Früchte essen oder riechen, um
dadurch Freude zu empfangen.

Himmlische Nahrungsaufnahme durch Riechen

Mit „Riechen" ist hier das Atmen des Geistes gemeint.
Natürlich braucht ein himmlischer Leib nicht zu atmen, aber er
kann ausruhen, wenn er denn durchatmet – so als würde man
hier auf Erden einmal tief Luft holen. So kann der himmlische
Leib nicht nur durch Mund und Nase atmen, sonder auch mit
den Augen, allen Körperzellen und selbst mit dem Herzen.

Auch Gott kann Dinge riechen – und Er ist Geist. So gefielen
Gott auch die Opfer, die Ihm gerechte Menschen darbrachten.
Im Alten Testament konnte Er dieses Aroma wahrnehmen

(1. Mose 8,21). Im Neuen Testament wurde Jesus, der völlig rein und makellos war, selbst zum Opfer, das ein duftender Wohlgeruch war (Epheser 5,2).

So nimmt Gott das Aroma Ihres Herzens wahr, wenn Sie Ihn anbeten, zu Ihm beten oder Ihn aus einem wahrhaftigen Herzen Lobpreislieder singen. In dem Maße, wie Sie dem Herrn ähnlich und gerecht werden, werden Sie für Christus zum Aroma und dadurch wiederum zu einem kostbaren Opfer für Gott. Er nimmt den Duft Ihrer Lobpreises und Ihrer Gebete wohlwollend wahr.

In Matthäus 26,29 sehen Sie, dass der Herr, seit Er in den Himmel aufgefahren ist, ohne Unterlass für Sie betet. Seit 2000 Jahren hat Er nichts gegessen. Der himmlische Leib kann auch ohne Essen und Riechen existieren. Sie selbst werden für ewig leben, wenn Sie in den Himmel kommen, weil Sie in einen geistlichen Leib verwandelt werden, die nie vergeht.

Aber wenn der himmlische Leib einen Duft wahrnimmt, empfindet er mehr Freude und Glück. Der Geist wird verjüngt und erneuert. So wie Menschen eine ausgewogene Nahrung zu sich nehmen, um gesund zu bleiben, genießt es der himmlische Leib, Düfte wahrzunehmen.

Wenn also viele verschiedene Blumen und Früchte ihre Düfte freisetzen, nimmt dies der himmlische Leib wahr. Selbst, wenn er die gleichen Düfte immer wieder aufnimmt, verspürt er das gleiche Glück und die gleiche Zufriedenheit.

Wenn ein himmlischer Leib das Aroma von Blumen und Früchten wahrnimmt, wird der Leib wie von einem Parfüm davon durchdrungen. Dieser Leib gibt solch ein Aroma dann solange ab, bis es ganz verschwunden ist. So, wie Sie es auf Erden genießen, Parfüm zu tragen, ist der himmlische Leib glücklicher, wenn er nach einem herrlichen Aroma duftet.

Ausscheidung durch die Atmung

Wie essen die Menschen denn im Himmel und wie leben sie dort weiter? In der Bibel lesen Sie, dass der Herr nach Seiner Auferstehung den Jüngern erschien. In Johannes 20,22 hauchte Er sie an und in Johannes 21,12-15 aß Er etwas. Der Grund, warum der auferstandene Herr etwas aß, war nicht, weil Er Hunger gehabt hätte, sondern weil Er die Freude Seiner Jünger teilen und Sie wissen lassen wollte, dass auch Sie im Himmel mit einem himmlischen Leib werden essen können. Darum steht in der Bibel, dass Christus Jesus nach Seiner Auferstehung etwas Brot und Fisch zum Frühstück aß.

Warum spricht die Bibel davon, dass der Herr nach Seiner Auferstehung geatmet hat? Wenn Sie im Himmel etwas essen, wird es sofort aufgelöst und über den Atem ausgeschieden. Im Himmel wird die Nahrung also augenblicklich verdaut und verlässt den Körper über die Atmung. So muss Nahrung nicht wie hier ausgeschieden werden, das heißt, man muss nicht zur Toilette. Wie wunderbar und einfach das sein muss, wenn die Nahrung den Leib als Aroma verlässt und so aufgelöst wird!

Reisen im Himmel

Im Laufe der Menschheitsgeschichte wurden mit der Entwicklung verschiedener Kulturen und Wissenschaftszweige immer schnellere und bequemere Transportmöglichkeiten entwickelt. So wurden Kutschen, Wagen, Autos, Schiffe, Züge, Flugzeuge und so weiter erfunden.

Auch im Himmel gibt es verschiedene Transportmöglichkeiten – und zwar über eine Art öffentliches

Verkehrssystem, wie zum Beispiel den Himmelszug. Dazu gibt es individuelle Transportmöglichkeiten wie Wolkenautos oder goldene Wagen.

Im Himmel kann sich der himmlische Leib sehr schnell fortbewegen und sogar fliegen, weil er nicht an Raum und Zeit gebunden ist. Es bereitet aber mehr Freude, die als Belohnung vergebenen Transportmöglichkeiten zu nutzen.

Reisen und Transportmöglichkeiten im Himmel

Wie froh muss es einen doch stimmen, wenn man im Himmel herumreisen und dabei all die schönen und wunderbaren Dinge, die Gott geschaffen hat, sehen kann. Jede Ecke im Himmel ist einzigartig und schön. So können Sie jeden Teil des Himmels genießen. Da sich das Herz in einem himmlischen Leib nie verändert, empfindet es keine Langeweile, auch wenn es denselben Ort immer wieder aufsucht. Deshalb machen Reisen im Himmel immer Freude und sind sehr interessant.

Der himmlische Leib braucht eigentlich gar keine Verkehrsmittel, weil er nie ermüdet und sogar fliegen kann. Allerdings ist es bequemer, verschiedene Verkehrsmittel zu benutzen. So wie hier auf der Erde eine Busfahrt etwas angenehmer ist als ein Fußmarsch oder eine Taxibeziehungsweise Autofahrt etwas bequemer als eine Fahrt mit dem Bus oder der U-Bahn.

Wenn Sie im Himmel also den Zug nehmen, der mit vielen bunten Edelsteinen geschmückt ist, sind Sie auf der Fahrt zu Ihrem Ziel nicht an ein festes Schienennetz gebunden, sondern können einfach nach rechts oder links abbiegen, herunter- oder hinauffahren.

Wenn die Menschen im Paradies ins neue Jerusalem fahren, tun sie dies mit dem Himmelszug, weil diese beiden Orte ziemlich weit von einander entfernt sind. Die Reise ist für die Passagiere etwas ganz Besonderes. Sie „fliegen" durch helle Lichter und sehen dabei vom Fenster aus die herrlichen Landschaften. Und wenn sie an Gott, den Vater denken, verspüren sie eine noch viel größere Freude.

Zu den Fortbewegungsmitteln im Himmel gehört auch ein goldener Wagen, den besondere Menschen aus dem neuen Jerusalem fahren, um von einem himmlischen Ort zum nächsten zu gelangen. Er hat weiße Flügel und innen gibt es einen Schalter. Auf Knopfdruck bewegt er sich vollautomatisch. Er kann schnell fahren oder fliegen, je nachdem, was der Besitzer gerade möchte.

Wolkenautos

Die Wolken im Himmel sind eine Art Dekoration; sie verschönern den Himmel. Wenn sich jemand in seinem himmlischen Leib mit einer Wolke um sich herum an verschiedene Orte begibt, strahlt sein Leib stärker, als wenn er ohne Wolke unterwegs gewesen wäre. Außerdem nehmen andere ihn dann wahr und respektieren denjenigen, der diese Würde, Herrlichkeit und Autorität ausstrahlt, weil er mit der Wolke umgeben ist.

In der Bibel heißt es, dass der Herr Jesus auf den Wolken herab kommen wird (1. Thessalonicher 4,16-17). Nun dem ist so, weil es auf den Wolken der Herrlichkeit so viel majestätischer, ehrwürdiger und schöner sein wird als nur in der Luft ohne Wolken. Ebenso gibt es im Himmel Wolken, damit den Kindern Gottes noch mehr Herrlichkeit hinzugetan werden kann.

Wenn Sie sich für den Eintritt in das neue Jerusalem

qualifiziert haben, können Sie noch etwas Besseres haben: ein wunderbares Wolkenautomobil. Es handelt sich dabei nicht um eine aus Wasserdampf bestehende Wolke wie auf der Erde. Sie besteht vielmehr aus der Herrlichkeit des Himmels.

Ein Wolkenauto spiegelt die Herrlichkeit, Würde und Autorität seines Besitzers wider. Allerdings gerät nicht jeder in den Besitz eines Wolkenautomobils. Es ist nur denen vorbehalten ist, die sich für das neue Jerusalem qualifizierten haben, weil sie ganz geheiligt gelebt haben und in Gottes Haus in allem treu waren.

Diejenigen, die ins neue Jerusalem kommen, können im Wolkenauto mit dem Herrn überall hin fahren. Auf der Fahrt sind sie von himmlischen Heerscharen umgeben; die Engel begleiten sie und dienen ihnen, so wie viele Diener um einen König oder Prinzen herum sind, wenn er unterwegs ist. Somit deuten auch die himmlischen Heerscharen und Engel darauf hin, welche Autorität und Herrlichkeit ihre Besitzer haben.

Gewöhnlich fahren Engel die Wolkenautomobile. Es gibt Einsitzer für den individuellen Gebrauch und Mehrsitzer, in denen viele Leute gemeinsam fahren können. Wenn jemand im neuen Jerusalem Golf spielt und auf dem Rasen unterwegs ist, kommt ein Wolkenautomobil und hält direkt vor seinen Füßen an. Sobald er einsteigt, fährt es auch schon sanft zu dem Ball hin. Das dauert nur einen Augenblick.

Stellen Sie sich das einmal vor: Sie fliegen durch den Himmel, unterwegs in Ihrem Wolkenmobil, begleitet von einer Heerschar – also den Engeln im neuen Jerusalem. Oder Sie fahren mit dem Herrn im Wolkenmobil. Oder aber Sie reisen mit Ihren Lieben im Zug durch die Weiten des Himmels.

Unterhaltung im Himmel

Manche meinen möglicherweise, es wäre gar nicht so schön, in einem himmlischen Leib zu leben. Dem ist aber nicht so. In dieser physischen Welt wird man der Dinge bisweilen überdrüssig und ist auch nicht vollkommen zufrieden mit den Dingen, die hier Spaß machen. Aber in der geistlichen Welt fühlt sich alles, was Spaß macht, immer neu an und erfrischt einen.

Dennoch: Je mehr Sie auf dieser Welt im Geist leben, desto stärker spüren Sie Liebe und desto glücklicher sind Sie. Im Himmel haben Sie nicht nur bei Ihren Hobbys Spaß. Es gibt auch viel Unterhaltung, die unvergleichbar froher macht als irgendetwas auf dieser Erde.

Freude an Hobbys und Spielen

So wie Menschen hier auf der Erde ihre Talente entwickeln und ihr Leben durch ihre Hobbys bereichert wird, können auch Sie im Himmel Hobbys haben und diesen nachgehen. Sie können nicht nur das genießen, was Sie auf Erden mochten, sondern nach Herzenslust auch andere Dinge ausprobieren, die Sie hintangestellt hatten, um das Werk Gottes zu tun. Sie können auch neue Dinge erlernen.

Diejenigen, die sich für Musikinstrumente interessieren, können Gott auf einer Harfe Lobpreislieder spielen. Sie können auch lernen, Klavier oder Flöte oder andere Instrumente zu spielen. Das können Sie ganz rasch lernen, denn im Himmel sind alle viel weiser.

Im Himmel können Sie sich auch mit der Natur und den himmlischen Tieren unterhalten, was Ihnen zusätzlich Freude bereiten wird. Selbst Pflanzen und Tiere erkennen die Kinder

Gottes. Sie begrüßen sie und zeigen Ihnen ihre Liebe und erweisen Ihnen ihren Respekt.

Außerdem können Sie Sportarten wie Tennis, Basketball, Bowling, Golf oder Drachenfliegen nachgehen. Kampfsportarten wie Catchen oder Boxen, bei denen andere zu Schaden kommen könnten, gibt es aber nicht. Die Sportanlagen und Geräte sind überhaupt nicht gefährlich. Sie bestehen aus wunderbaren Materialien, sind mit Gold und Edelsteinen verziert, so dass man den Sport dann noch mehr genießen kann.

Die Geräte erkennen auch das Herz der Menschen und machen ihnen Freude. Wenn Sie beispielsweise gerne Kegeln, ändern die Kugel und die Kegel ihre Farbe und stellen sich in der Art und Entfernung auf, wie es Ihnen liegt. Wenn die Kegel umfallen, strahlen schöne Lichter auf und es ertönt eine fröhliche Melodie. Wenn Sie Ihren Partner gewinnen lassen wollen, halten sich die Kegel an Ihre Wünsche, so dass Sie sich noch mehr freuen.

Im Himmel gibt es nichts Böses, das gewinnen oder jemand anderen besiegen will. Wenn man anderen eine Freude bereitet, dann hat man das Spiel gewonnen. Manche fragen sich vielleicht, was für einen Sinn ein Spiel macht, bei dem es weder Gewinner noch Verlierer gibt. Aber im Himmel macht es keinen Spaß gegen jemanden zu gewinnen. Das, was Freude bereitet, ist das Spiel selbst.

Natürlich gibt es manche Spiele, bei denen Sie aufgrund des guten und fairen Wettkampfs Freude haben. Beispielsweise gibt es eins, wo der gewinnt, der die meisten Blumendüfte einatmet, sie dann am besten zu mischen weiß und so die besten Düfte verströmt.

Verschiedene Arten der Unterhaltung

Manche Leute, die Spiele mögen, fragen sich, ob es im Himmel Arkaden gibt. Natürlich gibt es viele Spiele, die viel mehr Spaß machen als die auf der Erde.

Anders als auf der Erde machen einen die Spiele im Himmel weder müde noch sorgen sie dafür, dass man schlechte Augen bekommt. Es wird einem dabei nie langweilig. Stattdessen erfrischen sie einen und danach spürt man Frieden. Wenn Sie gewinnen oder die höchste Punktezahl erreichen, bereitet Ihnen das Freude und Sie verlieren nie das Interesse daran.

Da die Menschen im Himmel einen himmlischen Körper haben, haben Sie keine Angst in den Vergnügungsparks aus einem Karussell oder einer Achterbahn herauszufallen. Sie genießen es einfach nur. Selbst die, die auf der Erde unter Höhenangst litten, können solche Freizeitbeschäftigungen im Himmel genießen, sooft sie wollen.

Selbst wenn Sie aus einer Achterbahn herausfallen würden, kämen Sie dabei nicht zu Schaden, weil Sie einen himmlischen Leib haben. Sie können wie bei Kampfsportarten hier unten sicher landen – oder aber Sie werden von Engeln beschützt. Stellen Sie sich vor, Sie seien in der Achterbahn, jubeln laut mit dem Herrn und allen Ihren Lieben! Wie schön muss das wohl sein!

Anbetung, Bildung und Kultur im Himmel

Im Himmel muss man für Essen, Kleidung und Unterkunft nicht arbeiten. Manche fragen sich vielleicht: „Aber was werden wir denn in alle Ewigkeit tun? Werden wir nicht nur nutzlos in den Tag hinein leben?" Aber da brauchen Sie sich keine Sorgen zu machen.

Im Himmel gibt es so viele Dinge, die Sie genießen können. Es gibt so viel Interessantes und Spannendes an Aktivitäten und Veranstaltungen wie Spiele, Seminare, Anbetungsgottesdienste, Feste und Festivals, Reisen und Sport.

Sie müssen sich daran nicht beteiligen und werden auch nicht dazu gezwungen. Jeder tut alles freiwillig und voller Freude, denn alles, was man tut, bringt Freude im Überfluss mit sich.

Freudige Anbetung für Gott, den Schöpfer

So wie Sie auf dieser Erde zu bestimmten Zeiten in den Gottesdienst gehen, um dort Gott anzubeten, werden Sie Gott auch im Himmel zu bestimmten Zeiten anbeten. Natürlich ist es Gott, der dann predigt und durch Seine Botschaft lernen Sie über den Ursprung Gottes und den geistlichen Bereich, der weder Anfang noch Ende hat.

Normalerweise freuen sich hervorragende Schüler und Studenten auf ihren Unterricht und ihren Lehrer oder Dozenten. Im Glaubensleben freuen sich die, die Gott lieben und im Geist und in der Wahrheit anbeten auf verschiedene Gottesdienste und auf die Stimme des Hirten, der das Wort des Lebens predigt.

Wenn Sie in den Himmel kommen, bereitet es Ihnen große Freude, Gott anzubeten und Sie freuen sich darauf, Gottes Wort zu hören. Sie können dies in den Gottesdiensten tun und auch sonst können Sie Zeit im Gespräch mit Gott verbringen oder dem Wort des Herrn zuhören. Es gibt auch Zeiten des Gebets. Allerdings knien Sie nicht wie hier auf der Erde mit geschlossenen Augen. In diesen Zeiten reden Sie einfach mit Gott. Gebete im Himmel bedeuten Gespräche mit Gott, dem

Vater, dem Herrn und dem Heiligen Geist. Wie viel Freude muss das einem wohl bringen!

Sie können Gott auch so preisen wie auf der Erde, allerdings nicht mit einer Sprache, die hier gesprochen wird. Sie werden Gott mit einem neuen Lied preisen. Die, die schwierige Zeiten gemeinsam durchgemacht haben oder auf der Erde ein und derselben Gemeinde angehörten, versammeln sich mit ihrem Hirten zum Lobpreis und um Gemeinschaft zu haben.

Wie gehen die Menschen im Himmel gemeinsam in die Anbetung – angesichts der Tatsache, dass ihre jeweiligen Wohnungen im ganzen Himmel verteilt sind? Im Himmel sieht das Licht der himmlischen Leiber in ihren jeweiligen Wohnungen anderes aus. So borgen die Menschen sich die entsprechende Kleidung, um an andere Orte auf höheren Ebenen zu gehen. Um an einem Gottesdienst im neuen Jerusalem, welches mit dem Licht der Herrlichkeit erfüllt ist, teilzunehmen, müssen sich alle die, die an anderen Orten wohnen, die entsprechende Kleidung leihen.

Und nebenbei bemerkt, so wie Sie überall auf der Erde via Satellit Gottesdiensten beiwohnen können, ist das auch im Himmel möglich. Einem Gottesdienst im neuen Jerusalem können Sie überall im Himmel auf diese Weise mitverfolgen. Allerdings lässt die Leinwand im Himmel alles so natürlich erscheinen, dass Sie den Eindruck haben, Sie wären persönlich vor Ort.

Außerdem können Sie solche Väter im Glauben wie Mose und den Apostel Paulus einladen, mit Ihnen in die Anbetung zu gehen. Allerdings müssen Sie die entsprechende geistliche Autorität haben, um solche edlen Persönlichkeiten einzuladen.

Lektionen über neue und tiefe geistliche Geheimnisse

Die Kinder Gottes erlernen viele geistliche Dinge, während sie hier auf Erden leben. Doch das, was sie hier lernen, gleicht einem Schritt den sie gehen, um in den Himmel zu kommen. Wenn sie in den Himmel kommen, fangen sie an, Dinge über die neue Welt zu lernen.

Ein Beispiel: Wenn die, die an Jesus Christus glauben, sterben (außer denen, die gleich ins neue Jerusalem gehen), bleiben sie zunächst in einem Gebiet am Rande vom Paradies. Dort lernen sie die Benimmregeln des Himmels von den Engeln.

So wie Menschen hier auf der Erde erzogen und ausgebildet werden müssen, um sich in die Gesellschaft einzuordnen, wenn sie größer werden, müssen auch Sie für die geistliche Welt in allen Einzelheiten ausgebildet werden, um zu wissen, wie Sie sich zu verhalten haben.

Manche fragen sich vielleicht, warum sie selbst im Himmel noch Dinge lernen sollen, wenn sie schon auf der Erde so Vieles lernen mussten. Das Lernen auf der Erde ist ein geistliches Training; das echte Lernen fängt erst an, wenn Sie in den Himmel kommen.

Das Lernen dort hört auch nicht auf, denn Gottes Reich hat kein Ende – es währt ewig. Also ganz egal, wie viel Sie hier erfahren, Sie können hier nicht alles über Gott lernen, der schon vor Anbeginn der Zeit da war. Sie können hier nie absolut alles über Gott lernen, den es, wie gesagt, schon ewig gibt, der das ganze Universum dirigiert und alles, was darinnen ist, und der ewig existieren wird.

Das sollte Ihnen zeigen, dass es unzählige Dinge zu Erlernen gibt, wenn Sie in den endlosen geistlichen Bereich eintreten. Außerdem ist es sehr interessant und macht Freude, Dinge aus dem geistlichen Bereich zu lernen – anders als bestimmte Fächer auf dieser Welt.

Hinzu kommt, dass Sie nicht dazu gezwungen werden, geistliche Dinge zu lernen und es gibt auch keinen Test. Und: Sie vergessen nie, was Sie gelernt haben, es ist also nie mühselig oder anstrengend. Im Himmel wird es Ihnen nie langweilig sein und Sie werden sich auch nicht nutzlos fühlen. Stattdessen werden Sie einfach froh darüber sein, dass Sie so viele wunderbare neue Dinge lernen können.

Partys, Banketts und Aufführungen

Im Himmel finden viele verschiedene Feiern und Aufführungen statt. Sie stellen die schönsten Vergnügen im Himmel dar. Da erfreuen Sie sich am Reichtum, an der Freiheit, Schönheit und Herrlichkeit des Himmels, die Sie gleich auf den ersten Blick wahrnehmen können.

So wie sich die Menschen auf Erden ganz schick kleiden, um auf VIP-Partys zu gehen, wo sie königlich speisen und die schönsten Dinge genießen, können auch Sie mit anderen Menschen zusammen feiern, die sich dann ebenfalls ganz festlich kleiden. Auf diesen Festen wird schön getanzt, gesungen und man hört die Menschen vor Freude lachen.

Es gibt auch solche Orte wie die *Carnegie Hall* in New York City oder das Opernhaus im australischen Sydney, wo Sie verschiedene Aufführungen besuchen können. Im Himmel finden solche Aufführungen nicht statt, damit sich jemand brüsten könnte, sondern damit Gott verherrlicht wird, um dem Herrn eine Freude zu bereiten und um diese Freude mit anderen zu teilen.

Bei den Darstellern handelt es sich zumeist um solche, die

Gott hier auf der Erde schon mächtig durch Lobpreis, Tanz, Musik und Aufführungen verherrlicht haben. Die, die dies hier tun wollten, es aber aufgrund von bestimmten Umständen nicht konnten, können Gott im Himmel neue Lieder singen und dort für Ihn tanzen.

Es gibt auch Kinos, wo Sie sich Filme anschauen können. Im ersten und zweiten Königreich gehen die Menschen normalerweise in öffentliche Kinos. Im dritten Königreich und im neuen Jerusalem hat jeder Bewohner seine eigene Filmvorführtechnik daheim. So können sich die Leute Filme allein anschauen oder ihre Lieben einladen und dabei etwas Leichtes essen.

In der Bibel lesen wir, dass der Apostel Paulus im dritten Himmel war, es ihm aber nicht zustand, anderen davon zu berichten (2. Korinther 12,4). Es ist sehr schwierig, anderen den Himmel begreiflich zu machen, weil es eine Welt ist, die die Menschen nicht gut genug kennen oder verstehen. Stattdessen gibt es diesbezüglich viel Raum für Missverständnisse.

Der Himmel ist Teil des geistlichen Bereichs. Es gibt so viele Dinge im Himmel, die man nicht verstehen oder sich vorstellen kann. Dort herrschen Freude und Glück vor, wie man es auf dieser Erde nicht erleben kann.

Gott hat diesen schönen Wohnort für Sie vorbereitet und Er ermutigt Sie, sich durch die Bibel entsprechend darauf vorzubereiten.

So bete ich im Namen des Herrn Jesus, dass Sie den Herrn voller Freude aufnehmen und sicherstellen, dass Sie sich als eine schöne Braut für Ihn qualifiziert haben, wenn Er wiederkommt.

Kapitel 6

Das Paradies

Und [Jesus] sprach zu ihm:
Wahrlich, ich sage dir:
Heute wirst du mit mir im Paradies sein.

- Lukas 23,43

Alle, die an Jesus Christus als ihren persönlichen Retter glauben und deren Namen im Buch des Lebens geschrieben stehen, werden sich im Himmel des ewigen Lebens erfreuen können. Ich habe bereits erklärt, dass wir bestimmte Schritte gehen müssen, um im Glauben zu wachsen und dass die Wohnstätten, Siegeskränze und Belohnungen im Iimmel vom Maß des Glaubens einer Person abhängen.

Die, die Gottes Herz stärker widerspiegeln, werden näher am Thron Gottes leben. Je weiter jemand vom Thron entfernt ist, desto weniger spiegelt er Gottes Herz wider.

Das Paradies ist der von Gottes Thron am weitesten entfernte Ort, an dem Gottes Herrlichkeit am wenigsten strahlt. Es ist die niedrigste Ebene im Himmel. Dennoch ist dieser Ort ungleich schöner als die Erde und auch viel schöner als der Garten Eden.

Was für ein Ort ist das Paradies und welche Art von Menschen lebt dort?

Schönheit und Glück im Paradies

Das Gebiet am Rande vom Paradies dient bis zum Jüngsten Gericht vor dem weißen Thron als Wartesaal (Offenbarung 20,11-12). Außer denen, die schon in das neue Jerusalem gekommen sind, weil sie den Plan Gottes erfüllt haben und bei Seinem Werk mithelfen, kommen alle seit Anbeginn der Welt geretteten in diesen Wartesaal am Rande vom Paradies.

Dies macht deutlich, wie riesengroß das Paradies ist, wenn selbst der Rand davon als Wartesaal für so viele Menschen genutzt wird. Zwar ist das Paradies die niedrigste Ebene im Himmel, aber es ist dennoch ein schönerer und glücklicherer Ort als die Erde, die ja von Gott verflucht worden war.

Weil es ein Ort ist, an den die Menschen kommen, die auf der Erde lebten und groß wurden, sind Glück und Freude dort viel stärker zu spüren als im Garten Eden, wo der erste Mensch Adam gelebt hatte.

Lassen Sie uns nun die Schönheit und das Glück vom Paradies betrachten, die Gott offenbart und bekannt gemacht hat.

Weite Ebenen voller schöner Tiere und Pflanzen

Das Paradies ist wie eine weite Ebene, in der es viele gut gepflegte Rasenflächen und schöne Gärten gibt. Viele Engel kümmern sich um diese Flächen. Der Gesang der Vögel ist klar und rein und das Echo davon erschallt im ganzen Paradies. Sie sehen fast so aus wie die Vögel auf der Erde, sind aber etwas größer und ihr Gefieder ist schöner. Ihr Gruppengesang ist lieblich.

Auch die Bäume und Blumen im Garten sind frisch und

einfach traumhaft. Auf der Erde verwelken Blumen im Laufe der Zeit und die Bäume werfen ihre Blätter aber, aber im Paradies sind sie immergrün und die Blumen verwelken nie. Wenn die Menschen sich den Blumen nähern, lächeln diese und geben manchmal ihren einzigartigen Duft ab, der sich auch über weite Entfernungen mit anderen Düften gepaart verteilt.

Obstbäume tragen viele Arten von Früchten. Sie sind etwas größer als auf der Erde. Ihre Schale glänzt und sie sehen köstlich aus. Man braucht sie nicht schälen, weil es keinen Staub und keine Würmer gibt. Wie schön muss es wohl sein, sich auf einer so schönen Wiese mit anderen Menschen zu unterhalten und Körbe voll mit köstlichem, appetitanregendem Obst um sich herum zu haben?

Auf der großen Ebene gibt es auch viele Tiere. Darunter sind sogar Löwen, die friedlich Grass fressen. Sie sind viel größer als die auf der Erde, aber sie sind überhaupt nicht aggressiv. Ganz im Gegenteil: Sie sind zahm, haben einen sanften Charakter und sauberes glänzendes Fell.

Der Fluss vom Wasser des Lebens fließt sanft daher

Der Fluss vom Wasser des Lebens fließt durch den gesamten Himmel vom neuen Jerusalem zum Paradies. Dabei verdunstet er nicht und wird auch nicht verschmutzt. Das Wasser von diesem Fluss, der aus Gottes Thron entspringt und alles erfrischt, repräsentiert das Herz Gottes: Es ist wie sein klarer, schöner Verstand, der makellos, unschuldig und brillant ist, ohne jegliche Finsternis. Das Herz Gottes ist perfekt – in allem vollkommen.

Dieser Fluss vom Wasser des Lebens, der sanft dahin fließt, glitzert wie das Wasser des Meeres, dass an einem sonnigen Tag das Sonnenlicht reflektiert. Er ist so klar und durchsichtig, dass man ihn mit keinem Gewässer auf dieser Erde vergleichen kann. Aus einer gewissen Entfernung sieht er blau aus. Die Farbe gleicht der des Mittelmeeres oder des Atlantischen Ozeans. Es gibt viele schöne Bänke an den Straßen zu beiden Seiten des Flusses vom Wasser des Lebens. Um die Bänke herum gibt es Bäume des Lebens, die jeden Monat Früchte tragen. Die Früchte von diesen Bäumen des Lebens sind größer als die Früchte hier auf Erden; sie duften herrlich und schmecken so köstlich, dass man es nicht hinreichend beschreiben kann. Wenn man davon abbeißt, schmelzen sie im Mund wie Zuckerwatte.

Kein persönliches Eigentum im Paradies

Im Himmel reicht den Männern das Haar bis zum Nacken, bei den Frauen spiegelt es allerdings gleichzeitig die Menge an Belohnungen wider. Das längste Haar reicht bei Frauen bis zu Taille herunter. Die Menschen im Paradies erhalten aber keine Belohnung; deshalb ist das Haar der Frauen nur ein klein wenig länger als das der Männer.

Sie tragen in einem Stück gewebte weiße Roben, haben aber weder Accessoires wie Broschen für die Kleidung noch Siegeskränze oder Spangen für das Haar. Der Grund? Sie haben nichts für das Königreich Gottes getan, als sie auf der Erde lebten.

Da die, die ins Paradies gehen, keine Belohnungen bekommen, haben sie dort auch keine eigenen Häuser, Siegeskränze oder Accessoires. Auch Engel werden ihnen nicht zugeteilt. Es ist einfach nur ein Ort, an dem die Geister, die ins Paradies gekommen sind, bleiben können. Dort leben sie und dienen einander.

Es ist wie im Garten Eden, wo es auch keine individuellen Häuser für jeden Bewohner gibt. Dennoch gibt es einen bedeutsamen Unterschied in Bezug auf das Glück, was man an diesen beiden Orten verspürt. Die Menschen im Paradies dürfen Gott „Abba, Vater" nennen, weil sie Jesus Christus aufgenommen und den Heiligen Geist empfangen haben, wodurch sie ein Glück verspüren, dass das im Garten Eden weit überragt.

Es ist ein solch kostbarer Segen, dass Sie auf dieser Welt geboren wurden, alle möglichen guten und schlechten Dinge erlebten, ein echtes Kind Gottes wurden und Glauben haben.

Das Paradies – voller Glück und Freude

Doch selbst das Leben im Paradies ist voller Glück und Freude in der Wahrheit, denn es gibt dort nichts Böses und jeder trachtet danach, dass andere gesegnet werden. Keiner fügt dem anderen Schaden zu. Die Menschen dienen einander in Liebe. Wie herrlich muss das wohl sein!

Außerdem ist es schon das reinste Glück, dass man sich nicht um eine Unterkunft, Kleidung oder Essen sorgen braucht und dass man dort keine Tränen, Sorgen, Leiden, Schmerzen oder den Tod antrifft.

Und er wird jede Träne von ihren Augen abwischen, und der Tod wird nicht mehr sein, noch Trauer, noch Geschrei, noch Schmerz wird mehr sein: denn das Erste ist vergangen. (Offenbarung 21,4)

So wie manche Engel höher gestellt sind als andere, gibt es im Paradies für die Menschen auch eine Hierarchie: zum einen gibt es Repräsentanten und zum anderen die, die sie repräsentieren. Da sich die Glaubenstaten aller unterscheiden, werden die, die relativ gesehen einen größeren Glauben haben, als Repräsentanten eingesetzt. Sie sind für einen Ort oder eine Gruppe von Menschen verantwortlich.

Sie tragen auch andere Kleider als die normalen Menschen im Paradies; sie haben in allem Vorrang. Das ist nicht ungerecht, sondern so nach Gottes unbefangenem Urteilsvermögen eingerichtet, der einen jeden nach seinen Taten entlohnt.

Da es im Himmel keine Eifersucht und keinen Neid mehr gibt, sind die Menschen nie hasserfüllt, wenn jemand anders schönere Dinge als sie selbst bekommen. Stattdessen sind sie froh und glücklich, wenn andere gute Dinge empfangen.

Ihnen sollte klar sein, dass das Paradies ein unvergleichlich schönerer und glücklicherer Ort als die Erde ist.

Welche Art von Menschen kommt ins Paradies?

Das Paradies ist ein wunderschöner Ort, den Gott aus lauter Liebe und Barmherzigkeit heraus geschaffen hat. Er ist für die, die nicht ausreichend dafür qualifiziert sind, als echte Kinder Gottes betrachtet zu werden, obwohl sie Gott kannten und an Jesus Christus glaubten und deshalb nicht in die Hölle kommen können. Welche Art von Menschen kommt denn nun genau ins Paradies?

Buße direkt vor dem Tod

Zunächst ist das Paradies ein Ort für all die, die kurz vor dem

Tod noch Buße getan und Jesus Christus angenommen haben,
um errettet zu werden – so wie einer der Kriminellen, der mit
Jesus gekreuzigt wurde. Wenn Sie in Lukas 23,39 anfangen zu
lesen, sehen Sie, dass zwei Gesetzesbrecher zur Rechten und
zur Linken von Jesus gekreuzigt wurden. Einer der beiden
beschimpfte Jesus, aber der andere wies den ersten zurecht und
nahm daraufhin Jesus als seinen Erretter an. Da sagte Jesus
zu dem zweiten, der Buße getan hatte, er sei gerettet worden:
*„Wahrlich, ich sage dir: Heute wirst du mit mir im Paradies
sein"* (Lukas 23,43). Dieser Übeltäter hatte Jesus lediglich
noch annehmen können. Er konnte sich nicht mehr von seinen
Sünden lösen oder nach dem Wort Gottes leben. Da er den
Herrn erst so kurz vor seinem Tod annahm, hatte er keine Zeit
mehr, Gottes Wort zu studieren oder danach zu handeln.

Sie sollten wissen, dass das Paradies für die ist, die Jesus
Christus angenommen haben, aber nichts für das Königreich
Gottes getan haben, so wie der in Lukas 23 dargestellte
Übeltäter.

Wenn Sie nun meinen: „Ich werden den Herrn erst kurz vor
meinem Tod annehmen, damit ich noch ins schöne Paradies
komme, wo es so froh zugeht, dass man es mit nichts auf der
Erde vergleichen kann", haben Sie eine falsche Vorstellung. Gott
erlaubte es dem Übeltäter an dem einen Kreuz, noch gerettet
zu werden, weil Er wusste, dass dieser Mensch ein gutes Herz
hatte, mit dem er Gott bis zum Ende lieben würde; Gott wusste,
er wäre nicht vom Herrn abgewichen, wenn er noch mehr Zeit
zum Leben gehabt hätte.

Allerdings haben nicht alle Menschen die Möglichkeit, den
Herrn noch kurz vor dem Tod anzunehmen. Glauben kann sich
nicht in einem einzigen Augenblick entwickeln. So sollte Ihnen
bewusst sein, dass es nur selten der Fall ist, dass jemand noch so

kurz vor dem Tod gerettet werden kann wie der an Jesu Seite gekreuzigte Kriminelle.

Außerdem haben die, die auf so beschämende Weise gerade noch so gerettet werden, trotz ihrer Errettung immer noch viel Böses im Herzen, weil sie ihr ganzes Leben so führten, wie sie es wollten.

Sie werden Gott allerdings in Ewigkeit dankbar sein, dass sie es bis ins Paradies geschafft haben und das ewige Leben im Himmel genießen können, weil sie Jesus Christus noch als ihren Erretter angenommen haben, ohne auf Erden etwas im Glauben getan zu haben.

Das Paradies unterscheidet sich stark vom neuen Jerusalem, in dem sich Gottes Thron befindet. Doch allein die Tatsache, dass sie nicht in die Hölle mussten, sondern gerettet wurden, bereitet diesen Menschen sehr viel Freude und Glück.

Mangelndes geistliches Wachstum im Glauben

Zweitens: Die Leute, die Jesus Christus angenommen haben und Glauben hatten, aber im Glauben nicht wuchsen, sind bloß Teilhaber der „beschämenden" Errettung und kommen auch nur gerade so noch ins Paradies. Es sind nicht nur Frischbekehrte, die ins Paradies kommen, sondern auch die, die schon lange geglaubt haben, wobei ihr Glaube allerdings auf der untersten Ebene stecken blieb.

Gott gestattete mir einmal das Bekenntnis eines Gläubigen zu hören, der lange Zeit geglaubt hatte und sich jetzt im Wartesaal des Himmels am Rande vom Paradies befindet.

Er wurde in eine Familie hineingeboren, die Gott gar nicht kannte und Götzen anbetete. Später begann er als Christ zu leben. Da er keinen wahrhaftigen Glauben hatte, lebte er weiter in den Grenzen der Sünde und verlor sogar ein Auge. Er begriff, was echter Glaube war, nachdem er mein Zeugnis *„Schmecket das Ewige Leben vor dem Tod"* gelesen hatte. Er wurde Gemeindemitglied und kam dann später in den Himmel, nachdem er als Christ gelebt hatte.

Ich konnte sein Bekenntnis hören. Er war voller Freude über seine Errettung, denn er kam nach vielen Leiden, Schmerzen und Krankheiten, die er hier auf Erden erlitten hatte, ins Paradies.

„Ich bin so frei und glücklich hierher gekommen zu sein, nachdem ich meinen Leib abgelegt habe. Ich weiß nicht, warum ich versucht habe, an fleischlichen Dingen festzuhalten. Die sind alle so bedeutungslos. An fleischlichen Dingen festzuhalten erscheint jetzt, wo ich mein Fleisch ausgezogen habe und hier herauf gekommen bin, so sinn- und nutzlos.

In meinem Leben auf Erden gab es Zeiten der Freude und des Dankes, von Enttäuschungen und Verzweiflung. Wenn ich mich hier umschaue, zufrieden und glücklich, denke ich an Zeiten, in denen ich an einem bedeutungslosen Leben festhalten und weiter darin verharren wollte. Hier an diesem friedvollen Ort mangelt es mir an nichts. Allein die Tatsache, dass ich hier und errettet bin, bereitet mir große Freude.

Mir geht es an diesem Ort sehr gut. Es geht mir so gut, weil ich mein Fleisch abgelegt habe. Ich freue mich darüber, dass ich an diesen friedvollen Ort gekommen bin, nachdem mein Leben auf der Erde sehr beschwerlich war. Ich hätte nicht gedacht, dass es so viel Freude bereiten würde, das Fleisch abzulegen. Aber ich bin hier so voller Frieden und Freude darüber – auch

weil ich nun hier bin.

Auf der Erde war ich blind, konnte nicht mehr gehen und viele andere Dinge nicht mehr tun. Das fiel mir dort sehr schwer. Doch nun bin ich hocherfreut und dankbar, das ewige Leben empfangen zu haben und hierher gekommen zu sein, denn ich weiß, ich darf wegen all dieser Dinge nun hier sein.

Ich bin hier zwar nicht im ersten oder zweiten Königreich oder im neuen Jerusalem, sondern nur im Paradies. Aber ich bin sehr dankbar und froh, im Paradies sein zu dürfen.

Meine Seele ist hiermit zufrieden.
Meine Seele singt davon.
Meine Seele ist hier glücklich.
Meine Seele ist hierfür dankbar.

Ich bin froh und dankbar, weil ich mein elendiges Leben hinter mir gelassen habe und in dieses friedvolle Leben eingetreten bin."

Rückwärtsgang im Glauben aufgrund von Prüfungen

Drittens gibt es Leute, die treu waren, dann aber allmählich aus verschiedenen Gründen im Glaubensleben lauwarm wurden und ihre Errettung gerade noch so bewahren konnten.

Ein Mann, der in meiner Gemeinde in vielen Bereichen treu als Ältester gedient hatte, schien von außen betrachtet großen Glauben zu haben. Doch eines Tages wurde er schwer krank. Er konnte nicht einmal mehr sprechen. Er kam und ich betete für ihn. Anstatt für seine Heilung zu beten, betete ich für seine

Errettung. Zu dem Zeitpunkt litt er sehr wegen des Kampfes zwischen den Engeln, die versuchten, ihn in den Himmel zu holen, und den bösen Geistern, die ihn in die Hölle zerren wollten. Sogleich fing ich an, die bösen Geister zu vertreiben und bat Gott, diesen Mann aufzunehmen. Gleich nach dem Gebet empfand er Trost und vergoss Tränen. Er tat kurz vor seinem Tod nochmals Buße und wurde so gerade noch gerettet.

Wenn Sie den Heiligen Geist empfangen haben und als Diakon oder Ältester gedient haben, wäre es in Gottes Augen eine Schande, wenn Sie in Sünde leben würden. Wenn Sie sich nicht von einem lauwarmen geistlichen Leben abwenden, verlässt der Heilige Geist Sie allmählich und Sie werden die Errettung nicht erlangen.

Ich kenne deine Werke, daß du weder kalt noch heiß bist. Ach, daß du kalt oder heiß wärest! Also, weil du lau bist und weder heiß noch kalt, werde ich dich ausspeien aus meinem Munde (Offenbarung 3,15-16).

Ihnen muss klar sein, dass es schade wäre, wenn Sie es nur bis ins Paradies schaffen würden. Deshalb sollten Sie sich mit mehr Enthusiasmus und Eifer daran manchen, im Glauben reif zu werden.

Dieser Mann war in der Vergangenheit einmal geheilt worden, als ich für ihn betete. Auch seine Frau war nach meinem Gebet dem Tod von der Schippe gesprungen. Da die Familie, die viele Probleme hatte, sich dem Wort des Lebens zuwandte, hörten die Schwierigkeiten auf und die Familie wurde glücklich. Danach war er zu einem gewissenhaften Mitarbeiter Gottes geworden, der seinen Pflichten treu nachkam.

Als sich die Gemeinde jedoch Schwierigkeiten ausgesetzt

sah, versuchte er nicht, sie zu schützen oder zu verteidigen. Stattdessen erlaubte er Satan, seine Gedanken zu kontrollieren. Die Worte, die aus seinem Munde kamen, bildeten eine mächtige Mauer der Sünde zwischen ihm und Gott. Schließlich war der Schutz Gottes über ihm weg und er wurde ernsthaft krank.

Als Mitarbeiter Gottes hätte er nichts, was der Wahrheit und Gottes Willen widersprach, betrachten oder anhören sollen. Aber er wollte diese Dinge hören und verbreitete sie auch noch. Gott brauchte nur noch Sein Gesicht von ihm abwenden, nachdem er der großen Gnade Gottes den Rücken gekehrt hatte. Dabei hatte Gott ihn von einer schlimmen Krankheit befreit.

So wurden seine Belohnungen reduziert und er hatte nicht einmal genug Kraft, um zu beten. Er entfernte sich so weit von Gott, dass er schließlich einen Punkt erreichte, wo er sich nicht einmal mehr seiner Errettung sicher war. Zum Glück gedachte Gott seiner Dienste in der Gemeinde in früheren Zeiten. So wurde der Mann gerade noch gerettet, als Gott ihm die Gnade schenkte, für das, was er zuvor getan hatte, Buße zu tun.

Voller Dankbarkeit über die Errettung

Welches Bekenntnis würde er wohl nach seiner Errettung und Ankunft im Paradies ablegen? Da er am Scheideweg zwischen Himmel und Hölle stand, als er gerettet wurde, konnte ich hören, wie er voller Frieden bekannte:

„Ich bin gerettet. Obwohl ich [nur] im Paradies bin, bin ich zufrieden, denn ich wurde aus allen Ängsten und Schwierigkeiten heraus befreit. Mein Geist, der in die Finsternis hinab gefahren wäre, ist in dieses wunderbare tröstliche Licht gekommen."

Wie groß muss wohl seine Freude sein, dass er von seiner Furcht vor der Hölle befreit wurde! Doch weil er nur gerade so noch auf diese „beschämende" Weise gerettet wurde, ließ Gott mich sein Bußgebet hören, als er im oberen Grab war, bevor er in den Wartesaal vom Paradies eintrat. Auch dort tat er wegen seiner Sünden Buße und war dankbar für mein Gebet für ihn. Er versprach Gott auch, dass er beständig für die Gemeinde, in der er gedient hatte, beten würde und auch für mich, bis wir uns im Himmel wieder sehen würden.

Seit Anbeginn der Menschheit gab es mehr Menschen, die sich für das Paradies qualifiziert haben, als alle anderen zusammen genommen, die an die anderen Ort im Himmel gehen dürfen.

Diejenigen, die gerade noch so gerettet werden und ins Paradies kommen, sind sehr dankbar und glücklich darüber, dass sie den Trost und die Segnungen vom Paradies genießen dürfen und nicht in die Hölle mussten, obwohl sie auf Erden nicht wie ein echter Christ gelebt haben.

Aber im Vergleich zum neuen Jerusalem kann das Glück im Paradies nicht mithalten. Ebenso unterscheidet es sich von der nächsten Ebene, dem ersten Königreich der Himmel. Ihnen sollte bewusst sein, was Gott wichtiger ist. Ihm geht es nicht so sehr um die Jahre, die sie gläubig waren, sondern um Ihre innere Herzenshaltung gegenüber Gott und dass Sie Gottes Willen gegenüber gehorsam waren.

Heute geben sich viele, die sagen, sie haben den Heiligen Geist, der sündigen Natur hin. Diese Menschen werden entweder gerade noch so gerettet und kommen ins Paradies oder aber sie sterben und kommen in die Hölle, weil der Heilige Geist von ihnen gewichen ist.

Manche konfessionelle Gläubige werden arrogant, wenn sie viel aus dem Wort Gottes hören und lernen. Sie richten und verurteilen andere Gläubige, die schon lange als Christen leben. Wenn sie nicht erkennen, dass sie Böses im Herzen tragen, und ihre Sünden von sich werfen, ist es ganz egal mit wie viel Elan und Treue sie im Dienste Gottes stehen!

So bete ich im Namen des Herrn Jesus, dass Sie, als ein Kind Gottes, welches den Heiligen Geist empfangen hat, sich von Ihren Sünden und allem möglichen Bösen trennen, und sich danach ausstrecken, dem Worte Gottes entsprechend zu leben.

Kapitel 7

Das erste Königreich der Himmel

Jeder, der an einem Wettlauf teilnehmen will,
nimmt harte Einschränkungen auf sich.
Er tut es für einen Siegeskranz, der verwelkt.
Aber auf uns wartet ein Siegeskranz,
der niemals verwelkt. (GN)

- 1. Korinther 9,25

Das Paradies ist der Ort für jene, die Jesus Christus angenommen, aber nichts mit ihrem Glauben zuwege gebracht haben. Es ist ein Ort, der sehr viel schöner und glücklicher als diese Erde ist. Um wie viel schöner muss da wohl das erste Königreich der Himmel sein, eben der Ort, an den die kommen, die versucht haben, nach dem Wort Gottes zu leben?

Das erste Königreich ist näher am Thron Gottes als das Paradies, aber es gibt viele andere Orte im Himmel, die noch besser sind. Jedoch werden die, die ins erste Königreich kommen, damit zufrieden sein und sich dort glücklich wähnen. So etwa wie ein Goldfisch im Aquarium, der sich nichts anderes wünscht.

Zunächst werden Sie Einzelheiten darüber erfahren, was für ein Ort das erste Königreich ist, das sich auf einer höheren Ebene befindet als das Paradies und danach, welche Art von Menschen dorthin kommt.

Seine Schönheit und sein Glück übertreffen das Paradies

Da das Paradies der Ort ist, an den die gelangen, die nichts mit ihrem Glauben bewerkstelligt haben, gibt es dort auch einen individuellen Besitz zur Belohnung. Aber ab dem ersten Königreich aufwärts werden persönliche Dinge wie Häuser und Siegeskränze als Belohnung vergeben. Im ersten Königreich lebt jeder in seinem Haus und bekommt seinen ewigen Siegeskranz. Es ist schon solch eine Ehre, sein eigens Haus dort im ersten Königreich zu haben, dass sich jeder dort total glücklich fühlt – und zwar ungleich mehr als jene Menschen im Paradies.

Schön dekorierte Wohnhäuser

Eigene Wohnstätten im ersten Königreich sind keine separaten Häuser, sondern gleichen eher Wohnungen oder Apartments auf der Erde. Sie bestehen aber nicht aus Zement oder Bausteinen, sondern aus wunderbaren, himmlischen Materialien wie Gold und Edelsteine.

In diesen Häusern gibt es keine Treppen, sondern nur schöne Fahrstühle. Hier auf der Erde muss man auf einen Knopf drücken. Im Himmel gelangt man automatisch auf die Etage, auf die man möchte.

Leute, die schon einmal in den Himmel entrückt wurden, berichten zum Teil davon, dass sie Apartments gesehen haben. Das heißt, sie waren im ersten Königreich. In diesen Apartmenthäusern findet sich alles, was man zum Leben braucht. Es gibt also keine Unzulänglichkeiten.

Für die, die Musik mögen, gibt es Musikinstrumente, auf

denen sie spielen können, und für die, die gerne lesen, gibt es
Bücher. Jeder hat zum Ausruhen seinen persönlichen Raum. Er
ist wirklich gemütlich.

Im ersten Königreich ist alles entsprechend der Vorlieben des
Bewohners, das heißt des „Meisters", eingerichtet. Dieser Ort ist
so viel schöner und bringt so viel mehr Glück als das Paradies.
Es herrschen Freude und Trost, wie man es hier auf Erden nicht
erleben kann.

Öffentliche Gärten, Seen, Schwimmbäder und dergleichen mehr

Da es sich bei den Häusern im ersten Königreich nicht um
allein stehende Häuser handelt, gibt es öffentliche Gärten, Seen,
Schwimmbäder und Golfplätze. Es ist so, wie wenn hier auf
Erden Menschen in Apartments wohnen und Gartenanlagen,
Tennisplätze und Swimmingpools miteinander teilen.

Diese öffentliche Anlangen werden nie abgenutzt oder kaputt
gemacht. Engel sorgen dafür, dass sie immer im besten Zustand
sind. Die Engel helfen den Menschen auch dabei, diese Anlagen
zu benutzen, so dass es keine Unannehmlichkeiten gibt, auch
wenn sie der Allgemeinheit zur Verfügung stehen.

Im Paradies gibt es keine dienstbaren Engel. Aber im ersten
Königreich können die Menschen von den Engeln Hilfe
bekommen. Das heißt sie verspüren Glück und Freude auf einer
ganz anderen Ebene. Obwohl keiner der Engel einer bestimmten
Person zugeteilt ist, sorgen die Engel für die Anlagen.

Wenn Sie beispielsweise während einer Unterhaltung mit
Ihren Lieben etwas Obst haben möchten, während sie dort auf
den goldenen Bänken in der Nähe vom Fluss mit dem Wasser
des Lebens sitzen, werden Ihnen die Engel sofort Obst bringen

und Sie höflich bedienen. Da im ersten Königreich Engel sind, die den Kindern Gottes dienen, ist das Niveau von Freude und Glück ein viel höheres als im Paradies.

Das erste Königreich ist dem Paradies übergeordnet

Selbst die Farben und Düfte der Blumen sowie die Helligkeit und Schönheit des Fells der Tiere unterscheiden sich von denen im Paradies. Der Grund? Gott hat alles entsprechend dem Maß des Glaubens der Menschen im Himmel bereitgestellt.

Selbst hier auf Erden haben die Menschen unterschiedliche Ansprüche an Schönheit. Blumenexperten, beispielsweise, stufen die Schönheit einer einzigen Blume nach vielen verschiedenen Kriterien ein. Im Himmel ist der Duft von Blumen in jeder Wohnstätte anders. Selbst an einem Ort duftet jede einzelne Blüte anders. Natürlich schmecken die Früchte im Himmel an verschiedenen Orten auch unterschiedlich.

Wie bereitet man sich auf Erden einen wichtigen Gast vor? Wie bedient man ihn? Sie versuchen natürlich, den Geschmack des Gastes so zu treffen, so dass er vollends zufrieden ist.

So hat auch Gott alles im Himmel mit viel Fürsorge vorbereitet, damit Seine Kinder total glücklich und zufrieden sein können.

Welche Art von Menschen kommt in den ersten Himmel?

Das Paradies ist der Ort im Himmel, wo diejenigen hinkommen, die die erste Glaubensebene erreicht haben, indem sie errettet wurden, weil sie an Jesus Christus glaubten. Aber sie taten nichts für das Königreich Gottes. Nun, welche Art von Menschen kommt in das erste Königreich des Himmels – über dem Paradies – um sich dort des ewigen Lebens zu erfreuen?

Menschen, die versuchen nach dem Wort Gottes zu handeln

Das erste Königreich des Himmels ist der Ort, an den diejenigen kommen, die an Jesus Christus geglaubt und versucht haben, nach dem Wort Gottes zu leben. Es sind die, die gerade den Herrn angenommen haben und sonntags in den Gottesdienst kommen. Aber sie wissen weder, was Sünde wirklich ist noch warum sie beten oder sich von ihren Sünden lösen sollten. Diejenigen auf der ersten Glaubensebene haben die Freude der ersten Liebe erlebt, nachdem sie im Wasser und mit dem Heiligen Geist getauft wurden. Doch sie haben weder begriffen, was Sünde ist, noch haben sie ihre eigene Sünde entdeckt.

Wenn man aber auf die zweite Glaubensstufe aufsteigt, wird einem mit Hilfe des Heiligen Geistes klar, was Sünde und Gerechtigkeit sind. Also versuchen diese Menschen nach dem Worte Gottes zu leben, schaffen es aber noch nicht gleich. So wie wenn ein Baby gerade laufen lernt: Wenn es hingefallen ist, steht es wieder auf und versucht es nochmals.

Das erste Königreich ist für eben solche Menschen, die versuchten, nach dem Wort Gottes zu leben. Sie erhalten ewige Siegeskränze. Genauso wie Sportler sich an die Spielregeln zu halten haben (2. Timotheus 2,5-6), müssen die Kinder Gottes den guten Kampf des Glaubens entsprechend der Wahrheit kämpfen. Wenn Sie die Regeln des geistlichen Bereiches, also das Gesetz Gottes missachten, haben Sie, wie ein Sportler, der sich nicht an die Regeln hält, toten Glauben. Dadurch zählen Sie nicht mehr zu den Teilnehmern und bekommen auch keinen

Siegeskranz.

Allerdings bekommen alle im ersten Königreich einen Siegeskranz, weil sie zumindest versucht haben, sich an das Wort Gottes zu halten, auch wenn ihre Taten nicht ausreichend waren. Es handelt sich dabei aber dennoch um eine „schändliche" oder „beschämende" Errettung, weil sie sich nicht vollkommen an das Wort Gottes hielten, auch wenn sie es bis ins erste Königreich geschafft haben.

„Schändliche" Errettung, wenn die Werke verbrennen

Was ist mit „schändlicher" oder „beschämender" Errettung gemeint? Im 1. Korinther 3,12-15 lesen Sie, dass das Werk eines Menschen entweder überlebt oder verbrannt wird.

Wenn aber jemand auf den Grund Gold, Silber, kostbare Steine, Holz, Heu, Stroh baut, so wird das Werk eines jeden offenbar werden, denn der Tag wird es klarmachen, weil er in Feuer geoffenbart wird. Und wie das Werk eines jeden beschaffen ist, das wird das Feuer erweisen. Wenn jemandes Werk bleiben wird, das er darauf gebaut hat, so wird er Lohn empfangen; wenn jemandes Werk verbrennen wird, so wird er Schaden leiden, er selbst aber wird gerettet werden, doch so wie durchs Feuer."

Der „Grund" hier bezieht sich auf Jesus Christus und bedeutet, dass – egal, was Sie auf diesem Grund bauen – Ihre Werke durch die Feuerprobe geoffenbart werden.

Auf der einen Seite bleiben die Werke derer, die Glauben wie Gold, Silber oder Edelsteine haben, in den feurigen Prüfungen bestehen, weil sie nach dem Wort Gottes gehandelt haben. Auf der anderen Seite werden die Werke derer, die Glauben wie Holz, Heu oder Stroh haben, verbrennen, wenn sie durch feurige Prüfungen gehen, weil sie nicht entsprechend dem Worte Gottes gehandelt haben.

Zur Einstufung des jeweiligen Glaubensmaßes: Gold ist die 5. (höchste) Ebene, Silber die 4., Edelsteine die 3., Holz die 2. und Stroh die 1. (und niedrigste) Ebene beim Maß des Glaubens. Holz und Heu haben Leben. Wenn jemand Glauben wie Holz hat, hat er zwar lebendigen Glauben, aber er ist schwach. Stroh dagegen ist trocken und hat kein Leben und bezieht sich auf die, die keinen Glauben haben.

Die, die völlig ohne Glauben sind, haben nichts mit der Errettung zu tun. Das Holz und das Heu, also sinnbildlich die Werke, die durch feurige Prüfungen verbrannt werden, führen zur „beschämenden" Errettung. Gott erkennt Glauben auf der Ebene von Gold, Silber und Edelsteine an, nicht aber den, auf der Ebene von Holz und Heu basiert.

Glaube ohne Handeln ist tot

Manche denken vielleicht: „Ich bin schon lange Christ, also muss ich schon über die erste Ebene des Glaubens hinausgekommen sein, so dass ich zumindest ins erste Königreich komme." Nun, wenn Sie wahrhaftig Glauben haben, leben Sie sicherlich nach dem Wort Gottes, oder? Gleichermaßen gilt: Wenn Sie das Gesetz brechen und sich nicht von Ihren Sünden abwenden, könnte für Sie das erste Königreich, ja möglicherweise sogar das Paradies, außer Reichweite sein.

In Jakobus 2,14 fragt Sie die Bibel: „*Was nützt es, meine*

Brüder, wenn jemand sagt, er habe Glauben, hat aber keine Werke? Kann etwa der Glaube ihn erretten?" Wenn Sie keine Werke haben, werden Sie nicht gerettet werden. Glaube ohne Werke ist tot. Das heißt also, dass die, die nicht gegen die Sünde ankämpfen, auch nicht gerettet werden können, denn sie sind genau wie der Mann, der ein Goldstück empfangen hatte und es im Taschentuch verwahrte (Lukas 19,20-26).

Das „Goldstück" hier steht für den Heiligen Geist. Gott schenkt denjenigen den Heiligen Geist, die ihr Herz öffnen und Jesus Christus als persönlichen Retter annehmen. Der Heilige Geist hilft Ihnen, die Sünde zu identifizieren, Gerechtigkeit und Recht zu erkennen, die Errettung auszuleben und in den Himmel zu kommen.

Wenn Sie Ihren Glauben an Gott lediglich bekennen, aber weder Ihr Herz beschneiden noch den Wünschen des Heiligen Geistes nachgehen oder der Wahrheit entsprechend handeln, braucht der Heilige Geist auch nicht in Ihrem Herzen zu bleiben. Wenn Sie dagegen Ihre Sünden ablegen und mit Hilfe des Heiligen Geistes nach dem Wort Gottes handeln, können Sie das Herz Jesu Christi, der die Wahrheit selbst ist, widerspiegeln.

So sollten die Kinder Gottes, die den Heiligen Geist empfangen haben, ihre Herzen heiligen und die Früchte des Heiligen Geistes hervorbringen, um die vollkommene Errettung zu erlangen.

Physisch treu, aber geistlich unbeschnitten

Gott zeigte mir einmal ein Gemeindemitglied, das gestorben und ins erste Königreich gekommen war. Gleichzeitig zeigte Er mit, wie wichtig es ist, dass Glaube von Handlungen begleitet wird. Der Mann hatte als Mitarbeiter in der Finanzabteilung der

Gemeinde mitgeholfen und zwar 18 Jahre lang, ohne sein wahres Herz zu zeigen. Er war auch in anderen Werken Gottes treu und wurde zum Ältesten ernannt. Er versuchte in verschiedenen Geschäften erfolgreich zu sein und Gott die Ehre zu geben und stellte sich oft die Frage: „Wie kann ich im Königreich Gottes noch mehr bewerkstelligen?"

Doch er war nicht erfolgreich, weil er Gott manchmal Schande brachte, indem er nicht auf dem rechten Pfad wandelte. Der Grund? Seine fleischlichen Gedanken und sein Herz, das oft nach dem trachtete, was für ihn das Beste war. Er machte bisweilen auch unehrliche Bemerkungen, wurde auf andere wütend und gehorchte dem Worte Gottes in vielen Bereichen nicht.

Mit anderen Worten: Obwohl er äußerlich treu war, hatte er sein Herz – was das allerwichtigste ist – nicht beschnitten. So blieb er auf der zweiten Ebene des Glaubens. Wären seine finanziellen und zwischenmenschlichen Probleme weiter gegangen, hätte er den Glauben nicht bewahrt und wäre mit der Ungerechtigkeit Kompromisse eingegangen.

Am Ende rief Gott seine Seele gerade noch zur rechten Zeit heim, denn der Mann war von seinem Glauben bereits so sehr abgewichen, dass er beinahe das Paradies verpasst hätte.

Nach seinem Tod erfuhren wir aus der geistlichen Welt, dass er dankbar war und über viele Dinge Buße getan hatte. Er tat Buße, weil er die Gefühle von Dienern Gottes verletzt hatte, indem er der Wahrheit nicht folgte, andere zu Fall brachte und nicht einmal entsprechend reagierte, nachdem er das Wort Gottes gehört hatte. Er sagte auch, er hätte ständig unter Druck gestanden, weil er wegen seiner Fehler nicht gründlich Buße getan hatte. Doch jetzt war er glücklich, weil er seine Fehler bekennen konnte.

Des Weiteren war er dankbar, dass er als Ältester nicht im Paradies gelandet war. Als solcher ist es eigentlich eine Schande, wenn man es nur bis ins erste Königreich schafft. Allerdings fühlte er sich dort besser als im Paradies, weil das erste Königreich viel herrlicher ist.

So sollte Ihnen klar sein, dass die Beschneidung des Herzens das Allerwichtigste ist. Sie ist wichtiger als äußerliche Treue oder als ein Titel.

Gott führt Seine Kinder durch Prüfungen in einen besseren Himmel

So wie ein Athlet viele schwere Trainingseinheiten und viel Übung braucht, um zu gewinnen, müssen auch Sie Prüfungen durchmachen, um an einen der schöneren Wohnorte im Himmel zu erlangen. Gott lässt für Seine Kinder Prüfungen zu, damit Er sie an einen besseren Ort im Himmel führen kann. Diese Prüfungen lassen sich in drei Kategorien einteilen.

Als erstes gibt es Prüfungen, bei denen wir uns von der Sünde trennen sollen. Um ein wahres Kind Gottes zu werden, müssen Sie gegen die Sünde ankämpfen – bis aufs Blut, damit Sie sich vollkommen von der Sünde lösen können. Manchmal bestraft Gott Seine Kinder auch, weil sie sich nicht von ihrer Sünde trennen, sondern darin leben (Hebräer 12,6). So wie auch Eltern ihre Kinder manchmal bestrafen, um sie auf den rechten Pfad zu leiten, lässt Gott für seine Kinder bisweilen Prüfungen zu, damit sie vollkommen werden.

Zweitens gibt es Prüfungen, aus denen das echte Gefäß hervorgehen soll, welches Er dann segnet. Als David noch ein Junge war, rettete er seine Schafe, in dem er eine Bären und einen

Löwen tötete, die es auf seine Herde abgesehen hatten. Sein Glaube war sogar groß genug, dass er Goliath tötete, vor dem sich das gesamte Herr Israels gefürchtet hatte. Er aber tötete ihn mit einer Steinschleuder und verließ sich dabei allein auf Gott. Es gab einen Grund dafür, dass er dennoch Prüfungen bestehen musste, zum Beispiel als er von König Saulus verfolgt wurde. Gott ließ diese Prüfungen zu, um David in ein großartiges Gefäß umzugestalten und um einen einzigartigen König aus ihm zu machen.

Drittens: Viele Prüfungen kommen, um dem Müßiggang ein Ende zu bereiten. Warum? Nun, viele Menschen würden Gott fern bleiben, wenn alles friedlich verliefe. Ein Beispiel: Es gibt manche Menschen, die im Königreich Gottes treu sind und dadurch auch finanziell gesegnet werden. Dann hören sie auf zu beten und ihre Begeisterung für Gott lässt nach. Wenn Gott sie da lassen würde, wo sie sind, könnten sie sterben. So lässt er Prüfungen zu, damit sie wieder aufwachen und zur Besinnung kommen.

Sie sollten sich von ihren Sünden trennen, gerecht handeln und ein in Gottes Augen geeignetes Gefäß sein, das begriffen hat, dass Gott Glaubensprüfungen zulässt. Ich hoffe, dass Sie all die wunderbaren Segnungen, die Gott für Sie bereithält, empfangen werden.

Manch einer sagt vielleicht: „Ich möchte mich ändern, aber das ist nicht so einfach, obwohl ich es versuche." Doch sagt derjenige das, weil es wirklich so schwierig ist, sich zu verändern, oder weil er es im Innersten, in seinem Herzen nicht wirklich eifrig und leidenschaftlich genug will.

Wenn Ihnen Gottes Wort – geistlich gesehen – klar ist und Sie versuchen aus tiefstem Herzen sich zu ändern, können Sie das schnell tun, weil Gott Ihnen dafür die nötige Gnade und Kraft schenkt. Natürlich hilft Ihnen der Heilige Geist auch dabei. Wenn Sie Gottes Wort aber nur verstandesgemäß kennen, aber nicht darauf reagieren, werden Sie wahrscheinlich stolz und eingebildet werden und es wird für Sie schwer sein, am Ende errettet zu werden.

So bete ich auch im Namen des Herrn Jesus, dass Sie die Leidenschaft und Freude der ersten Liebe nicht verlieren und den Wünschen des Heiligen Geistes nachgehen, damit Sie im Himmel einen der besseren Orte in Besitz nehmen können.

Kapitel 8

Das zweite Königreich der Himmel

Leitet die Gemeinde, die Herde Gottes,
die euch anvertraut ist, als rechte Hirten!
Kümmert euch um sie, nicht weil es eure Pflicht ist,
sondern aus innerem Antrieb, so wie es Gott gefällt.
Tut es nicht, um euch zu bereichern,
sondern aus Hingabe. In eurem Verantwortungsbereich
führt euch nicht als Herren auf, sondern gebt euren
Gemeinden ein Vorbild. Dann werdet ihr,
wenn der oberste Hirt kommt, den Siegeskranz
erhalten, der nie verwelkt. (GN)

- 1. Petrus 5,2-4

Einerseits ist es ganz egal, wie viel Sie vom Himmel hören, denn es nützt Ihnen rein gar nichts, wenn Sie es nicht glauben und dadurch nicht im Herzen umsetzen können. So wie ein Vogel den Samen stiehlt, der beim Säen auf den Weg gefallen ist, kommt der Feind, der Teufel, und beraubt so Menschen des Wortes über den Himmel (Matthäus 13,19).

Wenn Sie andererseits eine Predigt über den Himmel hören und sie ergreifen, können Sie ein Leben voller Glaube und Hoffnung führen, dass eine Ernte bringt, und zwar dreißig-, sechzig- oder hundertfach von dem, was Sie gesät haben. Da

Sie auf das Wort Gottes reagieren, können Sie nicht nur Ihre Pflichten erfüllen, sondern auch geheiligt werden und im Hause Gottes in allem treu sein. Was für ein Ort ist das zweite Königreich der Himmel und welche Art von Menschen kommt dorthin?

Jeder bekommt ein schönes Haus für sich selbst

Ich habe bereits dargelegt, dass diejenigen, die ins Paradies oder das erste Königreich kommen, gerade noch so gerettet werden, da ihre Werke die Feuerprobe nicht bestehen können. Dagegen haben die, die ins zweite Königreich kommen, die Art von Glauben, die die feurigen Prüfungen besteht. Sie erhalten Belohnungen, mit denen die im Paradies und im ersten Königreich nicht mithalten können, denn Gott belohnt in Seiner Gerechtigkeit entsprechend dem, was gesät wurde.

Wenn man das Glück von jemandem im ersten Königreich mit dem eines Goldfisches im Aquarium vergleicht, kann man das Glück von jemandem, der ins zweite Königreich kommt mit dem eines Wals im Pazifischen Ozean vergleichen.

Lassen Sie uns nun die Eigenschaften des zweiten Königreiches betrachten. Dabei wollen wir uns auf die Häuser und das Leben dort konzentrieren.

Einstöckige Häuser für jeden einzelnen

Die Häuser im ersten Königreich sind wie Wohnungen, die im zweiten Königreich dagegen sind komplett eigenständige, einstöckige, private Gebäude. Die Häuser im zweiten Himmel können mit keinem noch so schönen Haus oder Cottage hier auf Erden verglichen werden, auch nicht mit einer Sommerresidenz. Sie sind grandios, großartig und wunderbar von Blumen und Bäumen umgeben. Wenn Sie in den zweiten Himmel kommen, bekommen Sie nicht nur ein Haus, sondern auch das, was Sie am allerliebsten mögen. Falls es ein Swimmingpool ist, bekommen Sie einen – und zwar einen wunderschön mit Gold und allen möglichen Edelsteine eingefassten. Falls Sie einen See haben möchten, bekommen Sie einen See. Wenn Sie einen Ballsaal wollen, kriegen Sie auch den. Wenn Sie einen Spazierpfad haben möchten, bekommen Sie eine wunderschöne von Blumen und Pflanzen eingesäumte Straße – und sogar noch viele dort spielenden Tieren dazu.

Wenn Sie alles haben wollen – einen Swimmingpool, einen See, einen Ballsaal, einen Spazierpfad und dergleichen mehr, müssen Sie sich für eins entscheiden. Der Grund? Im zweiten Königreich besitzt jeder etwas anderes. Die Menschen können einander besuchen und gemeinsam das genießen, was sie haben.

Wenn jemand mit einem Ballsaal keinen Swimmingpool hat, aber gerne schwimmen würde, kann er zu seinem Nachbarn gehen, der einen Pool hat und kann den gerne mit benutzen. Im Himmel dienen die Menschen einander. Sie fühlen sich nie belästigt und weisen keinen Besucher ab. Sie freuen sich vielmehr über Gäste. Wenn Sie etwas gerne hätten, können Sie Ihre Nachbarn besuchen und es bei denen genießen.

So ist das zweite Königreich in jeder Hinsicht besser als das erste, auch wenn es selbstverständlich nicht mit dem neuen Jerusalem mithalten kann, weil es hier eben keine Engel gibt, die dort jedem Kind Gottes zugeteilt sind. Die Größe, die Schönheit

und der Glanz der Häuser ist ganz anderes, ebenso wie die
Materialien, Farben und das Strahlen der Edelsteine, mit denen
die Häuser geschmückt sind.

Türschilder mit schöner, prächtiger Beleuchtung

Die Häuser im zweiten Königreich sind einstöckige Gebäude
mit einem Türschild. Auf dem Türschild steht der Name
des Besitzers; in besonderen Fällen steht auch der Name der
Gemeinde darauf, in der der Besitzer gedient hat. Die Inschrift
auf dem Türschild erstrahlt in schönem, prächtigem Licht –
und zwar in Buchstaben, die aramäisch oder hebräisch aussehen.
So werden die Menschen im zweiten Königreich sagen: „Oh!
Dies ist das Haus von Soundso, der in der Soundso-Gemeinde
gedient hat!"
Warum sollte gerade der Name der Gemeinde genannt
werden? Gott hat das so eingerichtet, damit die Mitglieder, die
in dieser Gemeinde gedient haben, stolz sind und sich geehrt
fühlen – vielleicht weil ihre Gemeinde einen großen Saal oder
ein großes Zentrum gebaut hat, um den Herrn bei Seiner
zweiten Wiederkehr in der Luft zu empfangen.
Allerdings haben die Häuser im dritten Himmel und im
neuen Jerusalem keine Türschilder. Es gibt in keinem der beiden
Königreiche viele Menschen und wegen des einzigartigen Duftes,
der aus jedem der Häuser kommt, kann man leicht erkennen,
wem diese Häuser gehören.

Reue wegen unzureichender Heiligung

Manche fragen sich vielleicht: „Ist es nicht etwas umständlich,
wenn man im Paradies keine Privathäuser hat und die Leute im

zweiten Himmel nur eine Sache besitzen dürfen?" Im Himmel ist nichts unzulänglich oder unbequem. Den Leuten ist es nie unangenehm, dass sie beieinander wohnen. Es gibt nichts, was die Menschen als unbequem bezeichnen würden und niemand ist kleinlich, wenn es darum geht, mit anderen zu teilen. Sie sind einfach nur dankbar, dass sie ihren Besitz mit anderen teilen dürfen. Für sie ist das ein Grund zu großer Freude.

Auch tut es ihnen nie leid, dass sie nur eine Sache als Privatbesitz haben. Sie sind nicht auf das neidisch, was andere haben. Sie sind vielmehr tief berührt und Gott dem Vater mächtig dankbar, dass sie so viel mehr bekommen haben, als sie verdient haben. Sie sind allezeit zufrieden, voller Freude und Begeisterung.

Das einzige, weswegen sie Reue empfinden, ist dass sie selbst nicht mehr versucht haben zu tun und dass sie sich auf der Erde nicht haben völlig heiligen lassen. Es tut ihnen leid und sie schämen sich so vor Gott zu stehen, weil sie sich innerlich nicht von allem Bösen getrennt haben. Wenn sie diejenigen sehen, die ins dritte Königreich oder ins neue Jerusalem kommen, sind sie aber nicht neidisch auf sie – weder wegen der grandiosen Häuser noch wegen der herrlichen Belohnungen. Aber wegen ihrer ungenügenden Heiligung empfinden sie Reue.

Da Gott gerecht ist, lässt Er Sie ernten, was Sie gesät haben und Sie bekommen Ihre Belohnung entsprechend dem, was Sie getan haben. So verteilt Er Orte und Belohnungen im Himmel entsprechend Ihrer Heiligung und Treue auf der Erde. Nach dem Maße, wie Sie im Worte Gottes lebten, belohnt Er Sie – und zwar sehr gut.

Wenn Sie ganz und gar nach dem Wort Gottes gelebt haben, bekommen Sie im Himmel 100 Prozent von dem, was Sie sich wünschen. Wenn Sie aber nicht ganz nach dem Wort Gottes leben, belohnt Er Sie nur nach dem, was Sie getan haben – aber auch das in reichlichem Maße.

Egal auf welcher Ebene Sie hineinkommen, Sie werden Gott immer dankbar sein, weil Er Ihnen so viel mehr gibt, als was Sie auf der Erde getan haben. Sie werden in Ewigkeit froh und glücklich darüber sein.

Kränze der Herrlichkeit

Gott, der uns reichlich belohnt, gibt denen im ersten Königreich Siegeskräne, die nie verwelken. Welche Art von Kränzen bekommen die Menschen im zweiten Königreich?

Auch wenn sie nicht völlig geheiligt waren, haben sie Gott bei der Ausübung ihrer Pflichten die Ehre gegeben. So werden sie ihren Siegeskranz empfangen. Wenn Sie 1. Petrus 5,2-4 lesen, sehen Sie, dass der Siegeskranz denen als Belohnung gegeben wird, die ein Vorbild waren, weil sie sich treu nach Gottes Wort gerichtet haben.

Leitet die Gemeinde, die Herde Gottes, die euch anvertraut ist, als rechte Hirten! Kümmert euch um sie, nicht weil es eure Pflicht ist, sondern aus innerem Antrieb, so wie es Gott gefällt. Tut es nicht, um euch zu bereichern, sondern aus Hingabe. In eurem Verantwortungsbereich führt euch nicht als Herren auf, sondern gebt euren Gemeinden ein Vorbild. Dann werdet ihr, wenn der oberste Hirt kommt, den Siegeskranz erhalten, der nie verwelkt. (GN)

Der Grund, warum dort von einem Siegeskranz berichtet wird, „der nicht verwelkt", ist, dass alle Siegeskränze im Himmel ewig halten und nie verwelken. Ihnen wird hier deutlich, dass der Himmel ein vollkommener Ort ist, an dem alles für die Ewigkeit ausgestattet ist und wo selbst die Siegeskränze nicht verwelken.

Welche Art von Menschen kommt in das zweite Königreich?

Um die koreanische Hauptstadt Seoul herum gibt es Satellitenstädte, um die herum es wiederum kleine Kleinstädte gibt. So ist es auch im Himmel. Um das dritte Königreich herum, wo sich das neue Jerusalem befindet, sind das zweite und das erste Königreich sowie das Paradies angesiedelt.

Das erste Königreich ist der Ort für diejenigen, die die zweite Glaubensebene erreicht und versucht haben, nach dem Wort Gottes zu leben. Welche Art von Menschen kommt in das zweite Königreich? Menschen auf der dritten Ebene des Glaubens, die sich nach dem Wort Gottes richten, kommen dorthin. Lassen Sie uns nun also im Detail betrachten, welche Art von Menschen in das zweite Königreich kommt.

Das zweite Königreich:
Ein Ort für Menschen, die nicht ganz geheiligt sind

Sie können in das zweite Königreich kommen, wenn Sie sich an Gottes Wort halten und Ihren Pflichten nachkommen, auch wenn Ihr Herz noch nicht ganz geheiligt ist.

Wenn Sie gut aussehend, intelligent und weise sind, möchten Sie natürlich, dass Ihre Kinder Ihnen ähnlich sehen. Das Gleiche gilt für Gott. Er ist heilig und vollkommen und möchte, dass Seine echten Kinder Ihm ähnlich sind. Er möchte Kinder, die

Ihn lieben und Seine Gebote halten – die Seinen Geboten gehorchen – und zwar, weil sie ihn lieben und nicht aus einem Pflichtgefühl heraus. So wie Sie für jemanden auch schwierige Dinge tun, wenn Sie ihn wirklich lieben, werden Sie Gottes Gebote voll von innerer Freude halten und bewahren, wenn Sie Ihn wirklich von Herzen lieben.

Sie werden Ihm bedingungslos gehorchen, froh und dankbar, und das einhalten, was Er Ihnen als Gebot gibt. Sie werden das ablegen, was Er Ihnen sagt. Sie werden das nicht tun, was Er Ihnen verbietet und stattdessen das tun, was Er Ihnen zu tun aufträgt. Doch die, die auf der dritten Ebene des Glaubens sind, können Gottes Wort nicht voller Freude und Dankbarkeit im Herzen gehorchen, weil sie diese Ebene der Liebe noch nicht erreicht haben.

In der Bibel gibt es Werke des Fleisches (Galater 5,19-21) und die Gesinnung des Fleisches (Römer 8,5-6). Wenn Sie aus dem Bösen des Herzens heraus handeln, bezeichnet man dies als die Werke des Fleisches. Die sündige Natur, die Sie im Herzen haben, die sich noch nicht äußerlich gezeigt haben, nennt man die Gesinnung des Fleisches.

Die Menschen auf der dritten Ebene des Glaubens haben all diese Werke des Fleisches, die äußerlich sichtbar sind, bereits abgelegt, aber sie haben im Herzen immer noch die Gesinnung des Fleisches. Sie halten das ein, was Gott ihnen sagt, legen ab, was Er ihnen abzulegen aufträgt, sie tun nicht, was Gott verbietet; stattdessen tun sie das, was Er ihnen gebietet. Doch das Böse ist noch nicht vollkommen aus ihrem Herzen vertrieben.

Wenn Sie Ihre Pflicht aus einem nicht völlig geheiligten Herzen heraus tun, können Sie dennoch in das zweite Königreich gelangen. „Heiligung" bezieht sich auf den Zustand, in dem Sie alles Böse ablegen und nur Gutes in ihrem Herzen haben.

Ein Beispiel: Sagen wir mal, da gibt es jemanden, den Sie hassen. Nun haben Sie aber das Wort Gottes gehört, wonach Sie niemanden hassen sollen und Sie haben versucht, die Person nicht zu hassen. Deshalb hassen Sie ihn jetzt nicht mehr. Wenn sie denjenigen nun aber nicht von Herzen lieben, sind Sie noch nicht völlig geheiligt.

Um also auf die vierte Ebene des Glaubens hinaufzuklettern, müssen Sie sich darum bemühen, der Sünde bis aufs Blut zu widerstehen.

Menschen, die durch Gottes Gnade ihre Pflicht erfüllt haben

Das zweite Königreich ist der Ort für diejenigen, die in ihrem Herzen noch nicht vollkommen geheiligt wurden, aber doch die ihnen von Gott aufgetragenen Pflichten erfüllt haben. Lassen Sie uns die Art von Menschen betrachten, die in das zweite Königreich kommen, indem wir uns ein verstorbenes Mitglied der Manmin Joong-ang-Gemeinde in Korea anschauen.

Die Frau stieß mit ihrem Ehemann schon im Gründungsjahr zur Manmin Joong-ang-Gemeinde. Sie hatte an einer schweren Krankheit gelitten, wurde aber geheilt, nachdem ich für sie gebetet hatte. So wurden auch ihre Familienangehörigen gläubig. Sie wuchsen alle im Glauben. Die Frau wurde Diakonin, ihr man ein Ältester und ihre Kinder wurden groß und dienten dem Herrn als Mitarbeiter, Pastorengattin und Anbetungsleiter beziehungsweise Missionar.

Der Frau gelang es allerdings nicht, alles Böse abzulegen und ihre Pflichten ordentlich auszuüben. Doch aufgrund der Gnade Gottes tat sie Buße, erfüllte ihre Pflichten gut und starb dann. Gott ließ mich wissen, dass sie im Himmel im zweiten

Königreich sein würde und ließ mich mit ihr im Geist Kontakt aufnehmen.

Als sie in den Himmel kam, tat es ihr am meisten leid, dass sie nicht alle ihre Sünden abgelegt hatte und sich völlig heiligen ließ und dass sie ihren tiefen Dank für den Hirten, der für ihre Heilung gebetet und sie mit Liebe behütet hatte, nicht zum Ausdruck gebracht hatte.

Außerdem hatte sie gedacht, dass sie nur ins erste Königreich hätte kommen können – angesichts der Dinge, die sie mit ihrem Glauben erreicht, wie sie dem Herrn gedient und welche Worte sie mit ihrem Munde gesprochen hatte. Als ihr auf der Erde nicht mehr viel Zeit blieb, wuchs ihr Glaube allerdings rasch und sie konnte sich noch für das zweite Königreich qualifizieren, weil ihr Hirte liebevoll für sie gebetet hatte und weil Gott ihre Taten gefielen.

Vor ihrem Tod wuchs ihr Glaube wirklich stark. Sie konzentrierte sich aufs Gebet und verteilte Tausende von Gemeinderundbriefen in ihrer Nachbarschaft. Sie schaute nicht auf sich selbst, sondern diente dem Herrn einfach treu.

Sie berichtete mir von dem Haus, in dem sie im Himmel leben würde. Es war zwar einstöckig, aber so wunderbar mit schönen Blumen und Bäumen dekoriert und so groß und herrlich, dass es mit keinem Haus hier auf der Erde verglichen werden könnte.

Natürlich war es im Vergleich zu den Häusern im dritten Königreich oder im neuen Jerusalem wie etwa eine mit Stroh bedeckte Hütte hier, aber die Frau war dankbar und zufrieden, weil sie es gar nicht verdient hatte. Die folgende Botschaft wollte sie ihrer Familie mitteilen, so dass sie ins neue Jerusalem kommen würde:

162

„Der Himmel ist sehr genau eingeteilt. Die Herrlichkeit und das Licht unterscheiden sich an jedem Ort. So will ich sie immer und immer wieder eindringlich ermutigen, sich aufs neue Jerusalem auszurichten. Ich möchte meinen Familienmitgliedern, die noch auf der Erde sind, mitteilen, wie schändlich es ist, wenn man Gott dem Vater im Himmel begegnet, ohne sich von all seinen Sünden getrennt zu haben. Die Belohnungen, die Gott denen gibt, die ins neue Jerusalem einziehen und die Pracht der Häuser dort ist beneidenswert, aber viel wichtiger ist, dass sie wissen, wie leid es einem hier tut und wie sehr man sich dafür schämt, wenn man nicht alles, was in Gottes Augen schändlich ist, abgelegt hat. Ich möchte meiner Familie diese Botschaft übermitteln, damit sie allem Bösen absagt und auf die herrliche Ebene des neuen Jerusalems kommt."

Ich möchte, dass Ihnen klar wird, wie überaus wichtig es ist, dass Sie Ihr Herz heiligen und Ihr Leben tagtäglich, voller Hoffnung auf den Himmel, dem Königreich und der Gerechtigkeit Gottes widmen, damit Sie zielstrebig auf das neue Jerusalem zusteuern.

Menschen, die zwar in allem treu, aber aufgrund ihrer falschen Vorstellungen über Gerechtigkeit ungehorsam sind

Lassen Sie uns nun ein anderes Gemeindemitglied, eine Frau, betrachten, die den Herrn liebte und treu ihren Pflichten nachkam, aber nicht in das dritte Königreich kommen konnte, weil es in ihrem Glauben einige Mängel gab.

163

Sie fand zur Manmin Joong-ang-Gemeinde, weil ihr Ehemann krank war. Sie wurde ein sehr aktives Mitglied. Ihren Mann brachte man auf einer Trage in die Gemeinde, doch die Schmerzen wichen von ihm, so dass er aufstehen und gehen konnte. Stellen Sie sich einmal vor, wie dankbar und froh die Frau darüber gewesen sein muss! Sie blieb Gott gegenüber auch immer dankbar dafür, dass Er ihren Ehemann geheilt und ihr einen liebevollen, betenden Pastor gegeben hatte. Sie war immer treu, betete für das Königreich Gottes und – voller Dankbarkeit – auch für ihren Pastor, egal ob sie gerade stand, saß oder herumging, ja selbst beim Kochen.

Da sie ihre Geschwister in Christus liebte, tröstete sie andere, anstatt sich trösten zu lassen; sie ermutigte alle und kümmerte sich um andere Gläubige. Sie wollte sich allein nach Gottes Wort richten und kämpfte bis aufs Blut gegen die Sünde. Sie war nie neidisch und sehnte sich auch nicht nach weltlichem Besitz. Stattdessen konzentrierte sie sich allein darauf, ihren Nachbarn das Evangelium zu predigen.

Da sie in Gottes Königreich so treu war, inspirierte mich der Heilige Geist durch ihre Loyalität. Ich bat sie Aufgaben in der Gemeinde zu übernehmen. Ich hatte den Glauben, dass wenn sie ihren Pflichten treu nachkam, alle ihre Familienangehörigen, einschließlich ihres Ehemannes, tatsächlich auch zum wahren Glauben finden würden.

Aber sie konnte nicht gehorsam sein, weil sie auf ihre Umstände schaute und von ihrer fleischlichen Gesinnung verzehrt wurde. Bald darauf starb sie. Das tat mir im Herzen leid, aber während ich zu Gott betete, konnte ich ihr Bekenntnis im Geist hören:

„Selbst wenn ich immer wieder Bußt tue, weil ich

meinem Hirten nicht gehorchte, kann ich die Zeit dennoch nicht zurückdrehen. So bete ich einfach für das Königreich Gottes und diesen Hirten, und zwar noch intensiver als vorher. Eine Sache möchte ich meinen lieben Brüdern und Schwestern mitgeben: Das, was der Hirte verkündigt, ist der Wille Gottes. Die größte Sünde ist es, Gottes Willen nicht zu gehorchen; daneben ist Zorn die größte Sünde. Deswegen haben die Menschen Schwierigkeiten. Mir war gesagt worden, ich solle nicht zornig sein, sondern mein Herz demütigen und danach trachten, von ganzem Herzen gehorsam zu sein. Ich wurde dazu erwählt, die Trompete für den Herrn zu blasen. Liebe Brüder und Schwestern, der Tag, an dem ich diesen Segen empfangen werde, kommt bald. Ich hoffe inständig, dass meine lieben Brüder und Schwestern wachsam sind und es ihnen an nichts mangelt, damit sie sich auf jenen Tag freuen können."

Sie bekannte noch viel mehr als das, und sagte mir, dass ihr Ungehorsam der Grund war, weshalb sie nicht ins dritte Königreich gekommen war.

„Ich war bei einigen Dingen ungehorsam, bis ich in dieses Königreich kam. Manchmal sagte ich: „Nein, nein, nein", während ich einer Botschaft zuhörte. Ich bin meinen Pflichten nicht ordentlich nachgekommen, weil ich dachte, ich könnte das dann tun, wenn sich meine Umstände verbessert hätten. So gewöhnte ich mich an eine fleischliche Gesinnung. Das war in Gottes Augen ein großer Fehler."

Sie sagte, sie war auch neidisch auf Mitarbeiter im Lehrdienst und auf die, die sich um die Finanzen der Gemeinde kümmerten. Jedes Mal, wenn sie sie sah, dachte sie, deren Belohnung im Himmel würde so viel größer sein. Doch, so bekannte sie, als sie dann in den Himmel kam, war dies nicht so oft der Fall.

„Nein, nein, nein. Nur die, die nach Gottes Wort handeln, bekommen ihre großen Belohnungen und Segnungen. Wenn Leiter einen Fehler machen, ist es eine viel größere Sünde, als wenn Mitglieder einen Fehler machen. Sie müssen mehr beten. Leiter müssen in größerem Maße treu sein. Sie müssen besser lehren. Sie müssen die Fähigkeit haben, unterscheiden zu können. Darum lesen wir in einem der Evangelien von den Blinden, die die Blinden führen. Es gibt einen Grund, warum geschrieben steht, dass nicht alle danach trachten sollen, Lehrer zu werden. Ein Mensch wird dann gesegnet, wenn er in seiner Position sein Bestes gibt. Der Tag, an dem wir uns alle als Kinder Gottes im ewigen Königreich versammeln werden, kommt bald. Darum sollte jeder die Werke des Fleisches ablegen, gerecht werden und sich für den Herrn als Braut qualifizieren, um am Ende ohne Scham vor Gott bestehen zu können."**

So sollte Ihnen klar sein, wie wichtig es zum einen ist, nicht nur aus einem Pflichtgefühl heraus zu gehorchen. Stattdessen sollte es mit Freude aus der Tiefe des Herzens und aus Liebe für Gott geschehen. Zum anderen sollte man sein Herz heiligen. Sie sollten auch nicht nur ein Kirchgänger sein, sondern zurückschauen und überlegen, in welches Königreich Sie kommen würden, wenn der Vater ihre Seele jetzt heim rufen würde.

Sie sollten versuchen, allen ihren Pflichten nachzukommen und nach dem Worte Gottes zu leben, damit Sie vollkommen geheiligt sind und alle nötigen Qualifikationen bekommen, um ins neue Jerusalem einziehen zu können.

Im 1. Korinther 15,41 lesen wir, dass im Himmel jeder einen anderen Glanz, eine andere Herrlichkeit empfangen wird. Dort steht: *„ein anderer der Glanz der Sonne und ein anderer der Glanz des Mondes und ein anderer der Glanz der Sterne; denn es unterscheidet sich Stern von Stern an Glanz. "*

Alle, die errettet wurden, werden sich im Himmel des ewigen Lebens erfreuen. Allerdings werden einige im Paradies sein, während andere ins neue Jerusalem kommen – jeder entsprechend dem Maß seines Glaubens. Die Unterschiede beim Maß der Herrlichkeit sind so groß, dass man sie nicht in Worte fassen kann.

So bete ich im Namen des Herrn Jesus, dass Sie nicht nur deshalb gläubig bleiben, um die Errettung zu erlangen, sondern wie der Bauer werden, der all seinen Besitz veräußerte, um den Acker zu kaufen und den Schatz auszuheben, dass Sie vollkommen nach dem Wort Gottes leben und alles Böse ablegen, damit Sie ins neue Jerusalem einziehen und in der Herrlichkeit, die so hell wie die Sonne strahlt, leben können.

Kapitel 9

Das dritte Königreich der Himmel

Glückselig der Mann, der die Versuchung erduldet!
Denn nachdem er bewährt ist, wird er den Siegeskranz
des Lebens empfangen, den der Herr
denen verheißen hat, die ihn lieben.

- Jakobus 1,12

Gott ist Geist und Er ist Güte, Er ist Licht und die Liebe in Person. Darum will Er, dass Seine Kinder alle Sünden von sich werfen und ebenso alles Böse. Jesus, der im Fleisch in diese Welt kam, ist ohne Makel – weil Er Gott selbst ist. Welche Art von Mensch sollten Sie also sein, um eine Braut zu werden, die den Herrn empfangen wird?

Um ein echtes Kind Gottes zu werden – und eine Braut des Herrn, die in Ewigkeit die wahre Liebe Gottes erlebt, müssen Sie das heilige Herz Gottes widerspiegeln und sich selbst heiligen, indem sie alles Böse ablegen.

Das dritte Königreich der Himmel, also der Ort, an dem die Kinder Gottes kommen, die heilig sind und das Herz Gottes widerspiegeln, unterscheidet sich stark vom zweiten Königreich. Da Gott das Böse hasst und Güte so sehr liebt, behandelt Er Seine Kinder, die geheiligt sind, auf eine ganz besondere Art und Weise. Was für ein Ort ist das dritte Königreich und wie sehr muss man Gott lieben, um dorthin um kommen?

Engel dienen jedem Kind Gottes

Die Häuser im dritten Königreich sich viel prächtiger und strahlender als die einstöckigen Häuser im zweiten Königreich. Man kann sie nicht miteinander vergleichen. Sie sind mit sehr vielen verschiedenen Edelsteinen geschmückt und bieten alles, was sich der Besitzer nur wünschen könnte.

Außerdem gibt es ab der Ebene des dritten Königreiches Engel, die jedem einzelnen Menschen zugeteilt werden. Sie lieben und bewundern ihren Herrn und dienen ihm oder ihr mit dem Besten vom Besten.

Persönlich dienende Engel

In Hebräer 1,14 steht: *„Sind sie nicht alle dienstbare Geister, ausgesandt zum Dienst um derer willen, die das Heil erben sollen?"* Engel sind rein geistliche Wesen. Was ihre Gestalt anbetrifft, so ähneln sie als Geschöpfe Gottes den Menschen. Aber sie haben weder Fleisch noch Blut; Ehe und Tod sind ihnen fremd. Sie haben keine Persönlichkeit wie die Menschen, aber ihr Wissen und ihre Kraft sind viel größer als die der Menschen (2. Petrus 2,11).

Wie wir in Hebräer 12,12 von Abertausenden von Engeln lesen, so gibt es im Himmel unzählige davon. Gott hat die Rangordnung unter den Engeln festgelegt, ihnen verschiedene Aufgaben übertragen und unterschiedliche Vollmachten entsprechend ihrer Aufgaben erteilt.

Es wird dort also unterschieden zwischen Engeln, himmlischen Heerscharen und Erzengeln. Gabriel, beispielsweise, kommt mit Gebetserhörungen zu Ihnen und bringt Ihnen Gottes Plan oder Offenbarungen nahe (Daniel 9,21-23; Lukas 1,19, 1,26-27). Der Erzengel Michael dient der himmlischen Armee; er ist nicht wie Gabriel „Zivilist", sondern ein „Militärangehöriger". Er hat die Kontrolle über die Kämpfe gegen böse Geister und manchmal greift er selbst in die Schlachten der Finsternis ein (Daniel 10,13-14, 10,21; Judas 1,9; Offenbarung 12,7-8).

Unter den Engeln gibt es auch solche, die ihren Herren persönlich dienen. Im Paradies sowie im ersten und zweiten Königreich gibt es Engel, die den Kindern Gottes manchmal helfen. Aber dort gibt es keine Engel, die ihnen persönlich zugeteilt sind. Es gibt nur Engel, die sich um die Rasenflächen, Blumenbete oder öffentliche Anlagen kümmern, um sicher zu stellen, dass es keine Unannehmlichkeiten gibt. Außerdem gibt es dort Engel, die Gottes Botschaften übermitteln.

Doch für die Menschen, die ins dritte Königreich oder ins neue Jerusalem kommen, gibt es als Belohnung Engel. Der Grund? Sie haben Gott so viel Liebe entgegen gebracht und Wohlgefallen bereitet. Die Anzahl der den Menschen zugeteilten Engel hängt von dem Maße ab, wie sehr sie Gott ähnlich geworden waren und wie viel Freude sie Ihm durch ihren Gehorsam bereitet haben.

Wenn jemand im neuen Jerusalem ein großes Haus hat, bekommt er unzählige Engel dazu, denn er oder sie haben Gottes Herz widergespiegelt und viele zur Errettung geführt. Es gibt Engel, die sich um das Haus kümmern, andere, die sich um die Anlagen kümmern - und ebenso um das, was als Belohnung vergeben wurde. Dazu kommen noch weitere Engel, die ihren

Herren persönlich dienen. Es sind einfach sehr, sehr viele Engel. Wenn Sie ins dritte Königreich kommen, erhalten Sie nicht nur Engel, die Ihnen persönlich dienen, sondern auch solche, die sich um Ihr Haus kümmern und solche, die Ihre Gäste hereinholen und ihnen behilflich sind. Sie werden Gott sehr dankbar dafür sein, dass Sie ins dritte Königreich gekommen sind, denn Gott lässt Sie für immer regieren und die Engel, die Er ihnen als ewige Belohnung gegeben hat, werden Ihnen immerfort dienen.

Herrliche mehrstöckige individuelle Privathäuser

Im dritten Himmel sind die Häuser wunderbar mit Blumen und Bäumen, die angenehme Düfte verströmen, versehen. Es gibt Gärten und Seen. In den Seen sind viele Fische, mit denen sich die Menschen unterhalten und die sie lieb gewinnen können. Die Engel spielen auch herrliche Musik und die Menschen können Gott, den Vater mit ihnen preisen.

Anders als im zweiten Königreich, wo die Bewohner nur einen Herzenswunsch erfüllt bekommen, können die Menschen im dritten Königreich alles, was sie sich wünschen, haben, egal ob Golfkurs, Swimmingpool, See oder Wanderweg, Ballsaal oder was auch immer. So müssen sie nicht zum Nachbarn gehen, um sich an Dingen zu erfreuen, die sie nicht haben. Sie können all das, was sie haben, jederzeit genießen.

Die Häuser im dritten Königreich sind mehrstöckig. Sie sind prächtig, grandios, riesig! Sie sind so wunderbar geschmückt, dass selbst ein Milliardär auf Erden es nicht nachahmen könnte.

Im dritten Königreich gibt es übrigens keine Türschilder. Die Menschen erkennen auch so, um wessen Haus es sich handelt. Der Grund? Das Haus verströmt ein einzigartiges Aroma, welches das reine und schöne Herz seines Besitzers verkörpert. Die Häuser im dritten Königreich haben verschiedene Düfte und verbreiten unterschiedlich helles Licht. Je mehr der Hausherr das Herz Gottes widerspiegelt, desto angenehmer der Duft und desto heller die Lichter. Im dritten Königreich gibt es auch Haustiere und Vögel. Sie sind viel schöner, strahlender und lieblicher als die im zweiten Königreich. Hier gibt es auch die Wolkenmobile, die öffentlich benutzt werden können. Die Menschen können ohne Einschränkungen soviel sie wollen im Himmel herum reisen. Wie gesagt, die Menschen im dritten Himmel können tun und haben, was sie wollen. Das Leben im dritten Königreich übersteigt unsere Vorstellungskraft.

Siegeskranz des Lebens

In Offenbarung 2,10 ist die Verheißung vom „Siegeskranz des Lebens" zu finden, den jeder bekommen wird, der sich im Königreich Gottes bis zum Tod als treu erwiesen hat.

Fürchte dich nicht vor dem, was du leiden wirst! Siehe, der Teufel wird einige von euch ins Gefängnis werfen, damit ihr geprüft werdet, und ihr werdet Bedrängnis haben zehn Tage. Sei treu bis zum Tod! Und ich werde dir den Siegeskranz des Lebens geben.

Der Ausdruck „sei treu bis zum Tod" hier bezieht sich nicht nur darauf, dass jemand für seinen Glauben als Märtyrer stirbt, sondern auch darauf, dass man mit der Welt keine Kompromisse eingeht und sich stattdessen völlig heiligt, in dem man sich von allen Sünden trennt und dafür, wenn nötig, bis aufs Blut kämpft.

Gott belohnt alle die, die in das dritte Königreich kommen mit dem Siegeskranz des Lebens, weil sie bis zum Tod treu waren und alle möglichen Schwierigkeiten und Prüfungen überwunden haben (Jakobus 1,12).

Wenn die Menschen aus dem dritten Königreich das neue Jerusalem besuchen, markieren sie ihren Siegeskranz oben rechts mit einem runden Zeichen. Wenn die Menschen aus dem Paradies, dem ersten oder zweiten Königreich das neue Jerusalem besuchen, tragen sie auf der linken Brusthälfte ein Zeichen. Hieran sieht man, dass die Herrlichkeit derer im dritten Königreich eine andere ist.

Die Menschen im neuen Jerusalem stehen unter der besonderen Obhut Gottes. Deshalb brauchen sie kein Zeichen, um sich zu identifizieren. Sie werden auf außergewöhnliche Weise als Gottes wahre Kinder behandelt.

Die Häuser im neuen Jerusalem

Die Häuser im dritten Königreich unterscheiden sich stark von denen im neuen Jerusalem in Bezug auf Größe, Schönheit und Herrlichkeit.

Erstens: Würde man die Größe des kleinsten Hauses im neuen Jerusalem mit 100 veranschlagen, läge die Zahl für ein Haus im dritten Königreich bei 60. Zum Beispiel: Wenn das kleinste Haus im neuen Jerusalem rund 10.000 Quadratmeter, hätte ein Haus im dritten Königreich rund 6.000 Quadratmeter.

Allerdings variiert die Größe der einzelnen Häusern, weil sie völlig davon abhängt, wie viel der Hausherr daran gesetzt hat, so viele Seelen wie möglich zu retten und an der Gemeinde Gottes mit zu bauen. Jesus sagte in Matthäus 5,5: *„Glückselig die*

Sanftmütigen, denn sie werden das Land erben. " Entsprechend der Anzahl der Seelen, die der Hausherr mit einem sanftmütigen Herzen in den Himmel geführt hat, gestaltet sich die Größe des Hauses, in dem er oder sie leben wird.

Es gibt also im dritten Königreich und im neuen Jerusalem viele Häuser, die mehrere Tausend Quadratmeter groß. Doch selbst die größten Häuser im dritten Königreich sind viel kleiner als die im neuen Jerusalem. Außerdem unterscheiden sie sich in Größe, Form und Schönheit sowie in der Vielfalt der Edelsteine, die als Dekoration benutzt werden.

Im neuen Jerusalem bestehen nicht nur in Grundmauern aus zwölf Edelsteinen. Es gibt noch viele andere kostbare Steine – unvorstellbar große Stücke in den herrlichsten Farben. Ihre Anzahl ist so groß, dass man sie gar nicht alle benennen kann. Bei manchen überschneidet sich die Lichtreflexion doppelt und dreifach.

Natürlich gibt es im dritten Königreich viele Edelsteine. Doch auch wenn es viele verschiedene davon im dritten Königreich gibt, kann man sie nicht mit denen im neuen Jerusalem vergleichen. Im dritten Königreich gibt es keine Edelsteine die doppelt oder dreifach strahlen. Zwar erstrahlen die Edelsteine im dritten Königreich in viel schönerem Licht als die im ersten und zweiten Königreich, doch handelt es sich nur um einfache Edelsteine in ihrer Grundform. Selbst wenn es sich um dieselben Arten von Edelsteinen handelt, sind sie dennoch nicht so schön wie die im neuen Jerusalem.

Darum schauen die Menschen im dritten Königreich, die nicht im neuen Jerusalem wohnen, welches mit der Herrlichkeit Gottes erfüllt ist, dorthin und sehnen sich danach, in Ewigkeit eben dort sein zu können.

„Wenn ich mich doch nur mehr investiert und mich in Gottes Haus als treuer erwiesen hätte..."

„Wenn mich der Vater doch nur einmal beim Namen rufen würde..."

„Wenn ich doch nur noch einmal dorthin eingeladen werden würde..."

Im dritten Königreich herrscht ein unbeschreiblich großes Maß an Glück; doch mit dem im neuen Jerusalem kann es nicht mithalten.

Welche Art von Menschen kommt in den dritten Himmel?

Wenn Sie Ihr Herz öffnen und Jesus Christus als Ihren persönlichen Retter einladen, kommt der Heilige Geist und belehrt Sie über Sünde, Gerechtigkeit und Gericht und lässt Sie die Wahrheit erkennen. Wenn Sie dem Wort Gottes gehorchen, alles Böse ablegen und sich heiligen, dann macht Ihre Seele gute Fortschritte und Sie kommen auf die vierte Glaubensebene.

Diejenigen, die die vierte Ebene des Glaubens erreichen, lieben Gott sehr und werden sehr von Gott geliebt. Sie kommen in das dritte Königreich. Nun, welche Art von Personen hat die Art von Glauben, die nötig ist, um in das dritte Königreich zu kommen?

Geheiligt durch das Ablegen von allem Bösen

Zu Zeiten des Alten Testamentes empfingen die Menschen den Heiligen Geist nicht. So konnten Sie sich auch aus ihrer eigenen Kraft nicht von ihren Sünden trennen, die tief in ihrem Herzen waren. Also mussten sie sich im Fleisch beschneiden lassen. Solange das Böse nicht in einer Handlung Ausdruck fand, galt es auch nicht als Sünde. Selbst wenn jemand daran dachte, einen anderen zu töten, galt es dennoch so lange nicht als Sünde, bis dieser Gedanke in die Tat umgesetzt wurde. Erst wenn solch ein Gedanke umgesetzt wurde, sprach man von Sünde. Anders verhält sich die Sache seit Beginn des Neuen Testaments. Wenn Sie den Herrn Jesus Christus annehmen, kommt der Heilige Geist in Ihr Herz. Doch wenn Ihr Herz nicht geheiligt ist, können Sie nicht ins dritte Königreich einkehren. Der Grund? Sie müssen mit Hilfe des Heiligen Geistes Ihr Herz beschneiden lassen.

Sie können nur ins dritte Königreich, wenn Sie alles Böse ablegen, wie beispielsweise Hass, Ehebruch, Habsucht und so weiter, und dann geheiligt werden. Welche Art von Menschen hat ein geheiligtes Herz? Es sind diejenigen, die die im 1. Korinther 13 beschriebene geistliche Liebe und die in Galater 5 beschriebene Frucht des Heiligen Geistes haben. Sie ähneln den in den Seligpreisungen in Matthäus 5 beschriebenen Menschen und spiegeln die Heiligkeit des Herrn wider.

Natürlich heißt das nicht, dass sie auf der gleichen Ebene wie der Herr stehen. Ganz egal wie sehr ein Mensch sich von der Sünde trennt und sich heiligt, ist die Stufe, auf der er steht, bei weitem nicht die gleiche wie die von Gott, der der Ursprung allen Lichtes ist.

Um sich zu heiligen, müssen Sie erst einmal den Acker Ihres Herzens vorbereiten. Sie fragen: Wie kann ich den Ackerboden meines Herzens gut vorbereiten? Indem Sie das lassen, was Sie nicht tun sollen und sich von den in der Bibel beschriebenen

Sünden trennen. Nur dann können Sie gute Früchte tragen, vorausgesetzt, es wurde gesät. So wie bei einem Bauern, der erst sät, nachdem er das Feld geräumt hat, wird der in Sie gesäte Samen dann aufgehen, blühen und Früchte tragen, wenn Sie das getan haben, was Gott Ihnen aufträgt und das einhalten, was Sie einhalten sollen.

Die Heiligung bezieht sich auf den Zustand, in dem jemand von seinen ursprünglichen Sünden, die er begangen hat, gereinigt wird – und zwar durch das Wirken des Heiligen Geistes, nachdem die Person aus Wasser und Heiligem Geist und aus der Erlösungskraft Jesu Christi wiedergeboren wurde. Die Vergebung der Sünden zu erlangen, weil man an das Blut Jesu Christi glaubt, ist nicht dasselbe wie das Ablegen der inneren sündigen Nature mit Hilfe des Heiligen Geistes, wofür man eifrig beten und immer wieder fasten muss.

Wenn Sie Jesus Christus annehmen und ein Kind Gottes werden, bedeutet das nicht, dass sofort alle Sünden aus Ihrem Herzen vollkommen entfernt wurden. Sie haben immer noch etwas Böses im Herzen wie zum Beispiel Hass, Stolz und so weiter. Darum ist es unabdingbar, dass Sie das Böse identifizieren, indem Sie dem Worte Gottes zuhören, und bis aufs Blut dagegen ankämpfen (Hebräer 12,4)

So entledigen Sie sich der Werke des Fleisches und machen in Richtung Heiligung Fortschritte. Der Zustand, in dem Sie sich nicht nur von den Werken des Fleisches, sondern auch von der Gesinnung des Fleisches in Ihrem Herzen getrennt haben, entspricht der 4. Ebene des Glaubens: der Heiligung.

Heiligung erst nach der Trennung von der sündigen Natur

Welches sind die Sünden von jemandes Natur? Es handelt

sich um alle Sünden, die Menschen – seit Adams Ungehorsam – von ihren Eltern mitbekommen haben. Sie können zum Beispiel feststellen, dass ein Baby, das noch nicht einmal ein Jahr alt ist, Böses im Sinn hat. Obwohl ihm seine Mutter nie etwas Böses wie Hass oder Eifersucht beigebracht hat, würde es ärgerlich reagieren und etwas Böses tun, wenn seine Mutter plötzlich ein anderes Baby stillen würde. Es würde anfangen zu schreien und wütend werden, bis die Mutter das andere Baby zur Seite legen würde.

Der Grund, warum Babys so handeln, ohne dass ihnen etwas Böses beigebracht wurde, ist, dass sie ihre sündige Natur geerbt haben. Sünden, die ein Mensch von sich aus begeht, zeigen sich in seinen Handlungen, nachdem sie zunächst nur eine sündige Gesinnung waren.

Wenn Sie sich geheiligt und von der Ursünde getrennt haben, trennen Sie sich selbstverständlich von Ihren Sünden, weil die Wurzel entfernt worden ist. So ist die geistliche Neugeburt der Anfang der Heiligung und die Heiligung ist das Vervollkommnen der Neugeburt. Wenn Sie also wiedergeboren sind, hoffe ich, dass Sie als Christ ein erfolgreiches Leben führen und so zur Heiligung gelangen.

Wenn Sie wirklich geheiligt werden, das Ebenbild Gottes widerspiegeln wollen und Ihr Bestes geben, werden Sie die sündige Natur durch die Gnade und Kraft Gottes und mit Hilfe des Heiligen Geistes ablegen können. Ich hoffe, Sie werden Gottes Herz widerspiegeln, der uns eindringlich bittet: *„Seid heilig, denn ich bin heilig"* (1. Petrus 1,16).

Geheiligt, aber nicht ganz treu in Gottes Haus

Gott gestattete mir, mit einer bereits verstorbenen Person,

einer Frau, die sich für das dritte Königreich qualifiziert hatte, geistlich in Kontakt zu treten. Das Tor ihres Hauses ist bogenförmig mit Perlen geschmückt, weil sie auf Erden so tränenreich und ausdauernd gebetet hatte. Sie war eine sehr treue Gläubige, die für das Königreich und die Gerechtigkeit Gottes, für ihre Gemeinde und die dortigen Diener und Mitglieder beständig auch mit Tränen betete.

Bevor sie dem Herrn begegnete, war sie so arm und elend, dass sie nicht einmal eine Goldmünze ihr Eigen nannte. Nachdem sie den Herrn angenommen hatte, machte sie sich auf den Pfad der Heiligung, denn sie hatte das Wort Gottes begriffen, nachdem sie es gehört hatte und konnte so der Wahrheit gehorchen.

Außerdem konnte sie ihre Pflicht gut erfüllen, weil sie viel Lehre von einem Diener empfing, den Gott sehr liebt, und sie diente ihm gut. Deshalb qualifizierte sie sich auch für einen sehr hellen und herrlichen Ort innerhalb des dritten Königreiches.

Außerdem wird am Tor zu ihrem neuen Haus ein sehr hell leuchtender Edelstein aus dem neuen Jerusalem angebracht werden. Dies ist ein Juwel, ein Edelstein, den ihr der Diener, dem sie auf Erden geholfen hatte, schenken wird. Er wird einen der Edelsteine aus seinem Wohnzimmer nehmen und ihn an ihrem Tor anbringen, wenn er sie dort besucht. Dieser Edelstein wird ein Zeichen dafür sein, dass der Diener, dem sie auf Erden half, sie vermissen wird, da sie es nicht ins neue Jerusalem schaffte, obwohl sie ihm hier auf Erden so sehr geholfen hatte. Viele Leute im dritten Königreich werden sie um diesen Schmuckstein beneiden.

Allerdings tut es ihr immer noch leid, dass sie nicht ins neue Jerusalem gekommen ist. Hätte sie genug Glauben für das neue Jerusalem gehabt, wäre sie nun beim Herrn – und in Zukunft auch zusammen mit dem Diener, dem sie auf Erden geholfen hatte, sowie bei anderen lieb gewonnenen Mitgliedern ihrer Gemeinde. Wenn sie auf Erden etwas treuer gewesen wäre, hätte sie ins neue Jerusalem gedurft. Doch aufgrund von Ungehorsam verpasste sie die ihr geschenkte Gelegenheit. Dennoch ist sie sehr dankbar und tief berührt von der ihr im dritten Königreich verliehenen Ehre. Sie ist dankbar, weil sie so kostbare Dinge als Belohnung empfangen hat. Keines davon hätte sie selbst verdienen können.

„Auch, wenn ich nicht im neuen Jerusalem leben darf, wo die Herrlichkeit des Vaters in ihrer Fülle zu finden ist, habe ich mein Haus im dritten Königreich. Mein Haus ist groß und schön. Obwohl es im Vergleich zu den Häusern im neuen Jerusalem nicht wirklich groß ist, habe ich viele fantastische und herrliche Dinge, wie man sie sich auf Erden nicht vorstellen kann. Ich habe dafür nichts getan oder gegeben. Ich habe nichts wirklich Hilfreiches getan. Ich habe auch nichts getan, was dem Herrn Freude bereitet hätte. Dennoch ist die Herrlichkeit, die ich hier habe, so groß, dass es mir nun leid tut; aber ich bin auch dankbar. Ich danke Gott, dass Er mir gestattet, an einem so herrlichen Ort im dritten Königreich so wohnen."

Menschen mit dem Glauben von Märtyrern

So wie diejenigen, die Gott mächtig lieben und in ihrem Herzen geheiligt sind, ins dritte Königreich eintreten können, dürfen auch diejenigen (mindestens) ins dritte Königreich, die den Glauben von Märtyrern haben, mit dem sie bereit sind, alles, ja sogar ihr Leben, für Gott zu opfern.

Die Mitglieder der christlichen Urgemeinde, die an ihrem Glauben festhielten, auch wenn sie geköpft, im Kolosseum von Rom von Löwen gefressen oder verbrannt werden sollten, empfangen im Himmel die Belohnung eines Märtyrers. Unter so schlimmer Verfolgung und solchen Bedrohungen ist es nicht leicht, zum Märtyrer zu werden.

Um Sie herum gibt es viele Menschen, die den Tag des Herrn nicht heiligen oder die ihnen von Gott über$tragene Verantwortung nicht übernehmen, weil sie Geld lieben. Diese Leute, die bei einer so kleinen Sache nicht gehorsam sein können, können in lebensbedrohlichen Situationen ihren Glauben nicht bewahren und schon gar kein Märtyrer werden.

Welche Art von Menschen hat den Glauben von Märtyrern? Es sind diejenigen, die ein aufrechtes, unveränderliches Herz haben wie Daniel im Alten Testament. Aber diejenigen, die wankelmütig sind, ihren eigenen Nutzen suchen und mit der Welt Kompromisse eingehen, werden kaum zu Märtyrern.

Die, die echt Märtyrer werden können, müssen so ein Herz wie Daniel haben. Er bewahrte die Gerechtigkeit und den Glauben in dem Wissen, dass er dafür sehr wohl in der Löwengrube landen könnte. Er bewahrte seinen Glauben bis zum letzten Augenblick, als er aufgrund des intriganten Spiels von bösen Menschen in die Löwengrube geworfen wurde. Daniel wich nie von der Wahrheit ab, denn sein Herz war ganz und gar rein.

Das Gleiche trifft auf Stephanus im Neuen Testament zu. Er wurde zu Tode gesteinigt, als er das Evangelium des Herrn verkündigte. Auch Stephanus war ein geheiligter Mann, der selbst für diejenigen beten konnte, die ihn steinigten, obwohl er unschuldig war. Wie sehr muss der Herr ihn wohl lieben? Er wird im Himmel in alle Ewigkeit mit dem Herrn wandeln und seine Schönheit und Herrlichkeit werden enorm sein. Ihnen sollte also bewusst sein, dass es das Allerwichtigste ist, ein gerechtes und geheiligtes Herz zu haben.

Heute gibt es nur sehr wenige, die echten Glauben haben. Selbst Jesus fragte sich: *„Doch wird wohl der Sohn des Menschen, wenn er kommt, den Glauben finden auf der Erde?"* (Lukas 18,8). Wie kostbar wären Sie wohl in den Augen Gottes, wenn Sie ein geheiligtes Kind werden würden – durch die Bewahrung des Glaubens und weil Sie alles Bösen abgelegt haben, das es in dieser Welt gibt, die voller Sünden ist?

So bete ich im Namen des Herrn Jesus, dass Sie eifrig beten, Ihr Herz rasch heiligen und sich auf nach der Herrlichkeit sowie den Belohnungen ausstrecken, die Gott Ihnen im Himmel geben wird.

Kapitel 10

Das neue Jerusalem

Und ich sah die heilige Stadt, das neue Jerusalem,
aus dem Himmel von Gott herabkommen,
bereitet wie eine für ihren Mann
geschmückte Braut.

- Offenbarung 21,2

Im neuen Jerusalem, dem schönsten Ort im Himmel, der erfüllt ist mit der Herrlichkeit Gottes, befinden sich der Thron Gottes, die Schlösser des Herrn und des Heiligen Geistes sowie die Häuser der Menschen, die Gott viel Wohlgefallen bereitet haben, weil sie die höchste Stufe des Glaubens erlangten.

Die Häuser im neuen Jerusalem werden aufs Wunderbarste vorbereitet – genauso wie es sich die künftigen Hausherren wünschen würden. Um ins neue Jerusalem, das so klar und schön wie ein Kristall ist, zu kommen und in Ewigkeit an der wahren Liebe Gottes teilzuhaben, müssen Sie nicht nur das heilige Herz Gottes widerspiegeln, sondern auch wie der Herr Jesus ihre Pflicht vollkommen erfüllen.

Was für eine Art Ort ist das neue Jerusalem und welche Art von Menschen kommt dorthin?

Die Menschen im neuen Jerusalem sehen Gott von Angesicht zu Angesicht

Das neue Jerusalem, welches auch die heilige himmlische Stadt genannt wird, ist so schön wie eine Braut, die sich für ihren Ehemann vorbereitet hat. Die Menschen dort haben das Vorrecht, Gott von Angesicht zu Angesicht zu begegnen, denn dort steht Sein Thron.

Die Stadt wir auch die „Stadt der Herrlichkeit" genannt, denn wenn Sie dort eintreten, bekommen Sie von Gott ewige Herrlichkeit verliehen. Die Mauern sind aus Jaspis und die Stadt besteht aus purem Gold, das so rein wie Glas ist. Sie hat auf jeder ihrer vier Seiten, im Norden, Süden, Osten und Westen, drei Tore, die jeweils von einem Engel bewacht werden. Die zwölf Grundsteine der Stadt bestehen aus zwölf verschiedenen Edelsteinen.

Zwölf Perlentore im neuen Jerusalem

Warum bestehen die zwölf Tore im neuen Jerusalem aus Perlen? Eine Muschel hat viel Ausdauer und benutzt all ihre Säfte, um eine Perle zu formen. So müssen auch Sie ihre Sünden von sich werfen, bis aufs Blut gegen sie ankämpfen und Gott bis zum Tode treu sein – mit Ausdauer und Selbstbeherrschung. Gott hat die Tore aus Perlen gemacht, weil Sie Ihre Umstände mit Freude überwinden sollen, um die Ihnen von Gott übertragenen Pflichten zu erfüllen, auch wenn Sie sich auf dem schmalen Pfad befinden.

Wenn jemand durch die Perlentore in das neue Jerusalem einzieht, fließen bei ihm vor Begeisterung Freudentränen. Er drückt seinen Dank aus und gibt Gott, der ihn ins neue

Jerusalem geleitet hat, alle Ehre.

Was war der Grund, dass Gott für die zwölf Grundsteine zwölf verschiedene Edelsteine verwendet hat? Nun, eine Kombination der Bedeutung der zwölf Edelsteine ist im Herzen des Herrn und des Vaters zu finden.

Ihnen sollte daher die Bedeutung eines jeden Edelsteins bekannt sein und Sie sollten deren geistliche Bedeutung in ihrem Herzen umsetzen, damit Sie ins neue Jerusalem kommen. Im Detail wird die Bedeutung im zweiten Teil des Buches *Der Himmel: Erfüllt von der Herrlichkeit Gottes* von mir erläutert.

Die Häuser im neuen Jerusalem in vollkommener Einheit und Vielfalt

Die Häuser im neuen Jerusalem sind, was ihre Größe und Herrlichkeit angeht, wie Schlösser. Jedes ist einzigartig und entspricht den Vorlieben des Besitzers – in vollkommener Einheit und Vielfalt.

Auch erstrahlen die Edelsteine in verschiedenen Farben und Lichtern, wodurch Sie Schönheit und Herrlichkeit erleben können, die über das hinausgehen, was man in Worte zu fassen vermag.

Wenn die Menschen ein Haus sehen, wissen sie schon, wem es gehört. Ihnen ist auch gleich anhand des Lichtes der Herrlichkeit und der Verzierung mit den Edelsteine klar, wie viel Freude der Besitzer Gott bereitete, als er noch auf der Erde lebte.

Ein Beispiel: Das Haus von einem Märtyrer ist reich verziert. Es spiegelt das Herz des Besitzers wieder und listet seine Errungenschaften bis zum Märtyrertod auf. Dies ist auf einer hell strahlenden Goldplakette festgehalten. Darauf steht: „Der Besitzer dieses Hauses wurde ein Märtyrer und er erfüllte den

Willen des Vaters am .... Tag des ... Monats im Jahre ...."

Selbst vom Tor aus können die Menschen das helle Licht von der goldenen Plakette mit den Errungenschaften des Besitzers strahlen sehen. Die, die sie sehen, verneigen sich. Ein Märtyrer zu werden, ist mit großer Herrlichkeit und einer besonderen Belohnung verbunden; es macht Gott stolz und bereitet Ihm Freude.

Da es im Himmel nichts Böses gibt, verneigen die Menschen automatisch ihre Häupter entsprechend dem Rang der Person und dem Ausmaß, in dem sie von Gott geliebt ist. So wie Menschen Gedenktafeln als Dankeschön und Anerkennung für großartige Errungenschaften bekommen, überreicht auch Gott jedem feierlich eine Tafel, weil er Ihm Ehre gebracht hat. Die Düfte und Lichter sind unterschiedlich, je nach der Art der Gedenktafel.

Außerdem schenkt Gott jedem etwas für sein Zuhause, dass ihn an sein Leben auf Erden erinnert. Natürlich können Sie im Himmel, wie auf der Erde, Dinge aus der Vergangenheit noch einmal nach verfolgen – auf einer Art Fernsehgerät.

Der Siegeskranz aus Gold und der Siegeskranz der Gerechtigkeit

Wenn Sie ins neue Jerusalem gelangen, bekommen Sie zunächst Ihr eigens Haus und einen Siegeskranz aus Gold. Der Siegeskranz der Gerechtigkeit wird Ihnen entsprechend Ihrer Taten verliehen. Dabei handelt es sich um den herrlichsten und schönsten Siegeskranz im Himmel.

Gott selbst überreicht den goldenen Siegeskranz denjenigen, die ins neue Jerusalem einziehen. Um den Thron Gottes sind die 24 Ältesten mit ihren goldenen Siegeskränzen versammelt.

Und rings um den Thron sah ich vierundzwanzig Throne, und auf den Thronen saßen vierundzwanzig Älteste, bekleidet mit weißen Kleidern, und auf ihren Häuptern goldene Siegeskränze (Offenbarung 4,4).

Mit dem Titel „Ältesten" ist hier nicht das gemeint, was auf der Erde in Gemeinden als Titel vergeben wird. Hierbei handelt es sich um diejenigen, die in Gottes Augen gerecht sind und von Gott anerkannt werden. Sie sind geheiligt und haben ein Heiligtum errichtet – sowohl im Herzen, als auch sichtbar. Mit dem Ausdruck „ein Heiligtum im Herzen zu errichten" ist gemeint, dass eine Person geistlich ausgerichtet lebt, indem sie alles Böse ablegt. Mit dem „Errichten eines sichtbaren Heiligtums" ist gemeint, dass jemand seine Pflichten hier auf Erden vollkommen erfüllt hat.

Die Zahl „vierundzwanzig" steht für alle Menschen, die das Tor der Errettung durch den Glauben durchschritten haben, wie die zwölf Stämme Israels, und die sich geheiligt haben, wie die zwölf Jünger des Herrn Jesus. Der Ausdruck „vierundzwanzig" Älteste bezieht sich also auf die Kinder Gottes, die von Gott anerkannt worden sind und im ganzen Hause Gottes treu waren.

Diejenigen, die Glauben wie unveränderliches Gold haben, werden goldene Siegeskränze haben und diejenigen, die sich wie Paulus, der Apostel, nach der Rückkehr des Herrn sehnen, werden einen Siegeskranz der Gerechtigkeit empfangen.

Nun wartet auf mich der Siegeskranz, mit dem der Herr, der gerechte Richter, mich an seinem Gerichtstag belohnen wird – und nicht nur mich, sondern alle, die sehnlich darauf gewartet haben, dass er kommt (2. Timotheus 4,8).

Die, die sich nach der Rückkehr des Herrn so sehnen, werden natürlich im Licht und in der Wahrheit leben und als Braut des Herrn zu gut vorbereiteten Gefäßen werden. Demnach werden sie auch ihre Siegeskränze empfangen.

Der Apostel Paulus ließ sich nicht von Verfolgung oder Schwierigkeiten überwältigen. Er versuchte einzig und allein, das Königreich Gottes auszuweiten und Seine Gerechtigkeit in allem, was er tat, zu erreichen. Egal, wo er hinkam, er wirkte beharrlich und offenbarte Gottes Herrlichkeit auf mächtige Art und Weise. Darum hat Gott für den Apostel Paulus einen Siegeskranz der Gerechtigkeit vorbereitet. Und solch einen Kranz wird Er allen überreichen, die das Erscheinen des Herrn auf Sehnlichste erwarten.

Alle ihre Herzenswünsche werden erfüllt

Das, woran Sie auf Erden dachten, das, was Sie liebend gern taten, aber für den Herrn aufgegeben haben – all das wird Gott Ihnen als wunderbare Belohnungen im neuen Jerusalem schenken.

So werden die Häuser im neuen Jerusalem alles haben, was Sie je haben wollten und Sie können alles tun, was Sie gerne tun wollten. Manche Häuser haben Seen, so dass die Bewohner darauf eine Bootsfahrt machen können. Andere haben einen Wald, in dem sie Spaziergänge unternehmen können. Andere können sich mit ihren Lieben bei einer Tasse Tee in der Ecke eines schönen Gartens angeregt unterhalten. Es gibt Häuser mit Wiesen und Blumen, auf denen die Menschen spazieren gehen oder Loblieder singen können – zusammen mit verschiedenen Vögeln und wunderschönen Tieren.

So hält Gott im Himmel alles bereit, was Sie sich je auf Erden gewünscht haben. Nichts wird fehlen. Stellen Sie sich einmal vor, wie tief bewegt Sie sein werden, wenn Sie all diese Dinge sehen werden, die Gott für Sie in Seiner großen Liebe vorbereitet hat! Allein die Tatsache, dass man ins neue Jerusalem eintreten kann, ist schon ein Grund zur Freude. Dort werden Sie in Ewigkeit leben – umgeben von unveränderlichem Glück, in Herrlichkeit und Schönheit. Sie werden voller Freude und Begeisterung sein, egal ob Sie den Boden betrachten, in den Himmel oder irgendwo anders hin schauen.

Die Menschen dort spüren den Frieden, den Trost und die Sicherheit, die einhergehen mit dem Leben im neuen Jerusalem, denn Gott hat es für Seine Kinder vorbereitet, die Er wirklich liebt. Dort ist jeder Winkel erfüllt von Seiner Liebe.

Also: Egal, was Sie tun, ob Sie gehen, sich ausruhen, spielen, essen oder mit andere Menschen reden, Sie werden immer von Glück und Freude erfüllt sein. Die Bäume, die Blumen, das Gras, ja sogar die Tiere sind allesamt schön und Sie werden die mächtige Herrlichkeit, die aus den Wänden des Schlosses, den Verzierungen und den Anlagen im Haus verströmt wird, spüren können.

Im neuen Jerusalem ist die Liebe für Gott, den Vater, wie eine Quelle und Sie werden in Ewigkeit erfüllt sein von Glück, Dankbarkeit und Freude.

Gott von Angesicht zu Angesicht schauen

Im neuen Jerusalem, wo Herrlichkeit, Schönheit und Glück auf höchstem Niveau herrschen, können Sie Gott von Angesicht zu Angesicht sehen und mit dem Herrn wandeln; und so können Sie auch mit ihren Lieben für immer und ewig dort leben.

Nicht nur, dass die Engeln und die himmlischen Heerscharen

Sie bewundern werden, nein, auch alle anderen Menschen im Himmel.

Außerdem werden Ihnen Ihre persönlich zugeteilten Engel – wie einem König – dienen, in dem sie alle Ihre Wünsche und Bedürfnisse vollkommen erfüllen. Wenn Sie im Himmel fliegen wollen, kommt Ihr persönliches Wolkenmobil und hält direkt vor Ihren Füßen an. Sobald Sie ins Wolkenmobil steigen, können Sie damit in den Himmel fliegen, so lange und oft Sie mögen. Sie können aber auch auf dem Boden fahren.

Wenn Sie ins neue Jerusalem eintreten, können Sie Gott von Angesicht zu Angesicht sehen und mit Ihren Lieben in Ewigkeit leben. Alle Ihre Wünsche werden dort sofort erfüllt. Sie können alles, was Sie mögen, haben. Sie werden behandelt wie ein Prinz oder eine Prinzessin im Märchen.

Teilnahme an Banketts im neuen Jerusalem

Im neuen Jerusalem gibt es immerzu Banketts. Manchmal gibt der Vater Banketts, manchmal der Herr oder auch der Heilige Geist. Die Freude am himmlischen Leben kann man bei diesen Festen sehr gut spüren. Gleich auf den ersten Blick nimmt man bei diesen Banketts Überfluss, Schönheit und Freude wahr.

Wenn Sie bei einem der vom Vater ausgerichteten Banketts teilnehmen, ziehen Sie Ihre schönste Kleidung mit den passenden Accessoires an. Dort gibt es das Beste an Essen und Trinken. Sie werden sich auch charmanter, schöner Musik erfreuen, ebenso an Lobpreis und Tänzen. Sie werden Engel tanzen sehen und manchmal können Sie selber tanzen, um Gott eine Freude zu bereiten.

Die Engel tanzen, was ihre Technik angeht, schöner und vollkommener, aber Gott genießt das Aroma mehr, das von

Seinen Kindern ausgeht, die Sein Herz kennen und Ihn aus tiefstem Herzen lieben.

Die, die Gott auf Erden in der Anbetung dienten, werden in dieser Kapazität auch auf diesen Festmahlen dienen, um sie zu einer noch größeren Wonne werden zu lassen. Diejenigen, die Gott mit Gesang, Tanzen und auf Instrumenten dienten, werden dies auch auf den Feierlichkeiten im Himmel tun.

Sie werden weiche, flauschige Kleider mit vielen Mustern tragen, eine wunderbare Krone und als Accessoires Edelsteine, die in brillantem Licht erstrahlen. Sie werden auch mit einem Wolkenmobil oder einem goldenen Wagen von Engeln begleitet reisen, um sich so zu einem Bankett zu begeben. Klopft Ihr Herz schon erwartungsvoll, wenn Sie sich all das so vorstellen?

Feierliche Schiffsreise auf dem gläsernen See

Im wunderbaren Meer im Himmel befindet sich kristallklares, reines Wasser, ohne irgendwelche Verunreinigungen. Das hell strahlende Wasser in diesem blauen Meer wird von einer Brise bewegt und wirft sanfte Wellen. In diesem vollkommen transparenten Wasser schwimmen viele Arten von Fischen. Wenn Menschen sich ihnen nähern, begrüßen sie sie mit ihren Kiemen und bekennen ihnen ihre Liebe.

Bunte Korallen formen ganze Gruppen und wiegen sich im Wasser. Wie wunderbar das aussieht! Im Meer gibt es viele kleine Inseln, die herrlich ausschauen. Außerdem fahren Vergnügungsschiffe wie die „Titanic" darauf herum. Auf diesen Schiffen finden Banketts statt.

Auf diesen Schiffen gibt es alle möglichen Annehmlichkeiten, dazu gehören bequeme Unterkünfte, Bowlingbahnen, Swimmingpools und Ballsäle, so dass die Menschen alles, was sie mögen, genießen können.

Stellen Sie sich einmal vor, wie herrlich das wohl sein wird: Sie feiern da zusammen mit dem Herrn und Ihren Lieben Feste auf diesen Schiffen, die großartiger und wunderbarer ausgestattet sind als irgendein Luxusdampfer hier auf Erden.

Welche Art von Menschen kommt ins neue Jerusalem?

Diejenigen, die Glauben wie Gold haben, sich nach der Rückkehr des Herrn sehnen und sich als Braut des Herrn vorbereiten, werden ins neue Jerusalem einziehen. Nun, was für eine Art Person muss man sein, um ins neue Jerusalem zu kommen, dass so wunderschön und kristallklar und mit der Gnade Gottes erfüllt ist?

Menschen mit Glauben, der Gott gefällt

Das neue Jerusalem ist der Ort für diejenigen, die auf der fünften Ebene des Glaubens angekommen sind, das heißt sie haben nicht nur ihr Herz vollkommen geheiligt, sondern sie waren auch in Hause Gottes in allem treu.

Glaube, der Gott gefällt, ist die Art von Glauben, mit der Gott ganz und gar zufrieden ist – so dass Er die Bitten und Herzenswünsche Seiner Kinder schon erfüllen will, bevor sie dafür beten.

Wie können Sie nun Gott wohlgefallen? Ich gebe Ihnen ein Beispiel: Sagen wir einmal, ein Vater kommt von der Arbeit heim und sagt seinen beiden Söhnen, er habe Durst. Der erste Sohn weiß, was sein Vater mag. Also bringt er seinem Vater ein Glas Cola oder Sprite. Außerdem gibt der Sohn dem Vater zur Entspannung eine Massage, obwohl der Vater nicht darum gebeten hat.

Der zweite Sohn bringt seinem Vater ein Glas Wasser und geht zurück in sein Zimmer. Welcher der Söhne bringt seinem Vater wohl mehr Freude, weil er das Herz des Vaters kennt?

Obwohl der eine Sohn einfach gehorsam war und dem Vater so ein Glas Wasser gebracht hat, muss sich der Vater mehr über den Sohn gefreut haben, der ihm Cola brachte, die er mag, und ihm eine Massage verabreichte, um die er ihn gar nicht gebeten hatte.

Ähnlich verhält es sich hier: Der Unterschied zwischen denen, die ins dritte Königreich und ins neue Jerusalem kommen, liegt in dem Maße, in dem diese Menschen das Herz von Gott, dem Vater, erfreut haben und treu darin waren, den Willen des Vaters zu tun.

Geistliche Menschen, die das Herz des Herrn haben

Diejenigen, die den Glauben haben, der Gott gefällt, füllen ihr Herz ganz mit der Wahrheit und sind in Gottes Haus in allem treu. In Gottes Haus in allem treu zu sein bedeutet, dass man seine Pflichten über die Erwartungen hinaus erfüllt – und zwar mit dem Glauben von Christus selbst, der den Willen Gottes bis zum Tode tat und sich nicht um sein eigenes Leben sorgte.

Die, die in Gottes Haus in allem treu sind, tun ihre Arbeit nicht mit ihrem eigenen Verstand oder ihren Gedanken, sondern nur mit dem Herzen des Herrn, also einem geistlich ausgerichteten Herzen. Paulus schrieb in Philipper 2,6-7, dass Jesus zwar in Gestalt Gottes kam, aber nicht danach trachtete, an der Gleichheit mit Gott festzuhalten, sondern sich selbst zu nichts machte und Knechtsgestalt annahm, indem Er sich in Menschengestalt hüllte und bis zum Tod gehorsam war, um den Willen Gottes zu erfüllen. Im Gegenzug erhöhte Gott Ihn, gab Ihm den Namen über allen Namen, ließ Ihn sich zur rechten Hand von Gottes Thron in Herrlichkeit niedersetzen und gab Ihm die Autorität als „König aller Könige" und „Herr aller Herrn".

So müssen auch Sie wie Jesus fähig sein, Gottes Willen bedingungslos zu gehorchen, um den Glauben zu haben, mit dem Sie ins neue Jerusalem einziehen können. Das heißt derjenige, der ins neue Jerusalem einziehen kann, muss in der Lage sein, selbst tief in Gottes Herz verborgene Dinge zu begreifen. Eine solche Person findet Gottes Wohlgefallen, weil sie beim Befolgen von Gottes Willen bis zum Tod treu ist.

Gott läutert Seine Kinder, um sie dahin zu führen, dass sie Glauben wie Gold haben und in die Lage versetzt werden, ins neue Jerusalem zu kommen. So wie ein Goldgräber seine Funde lange waschen und filtern muss, ruht Gottes Auge auf Seinen Kindern, während sie sich in wunderschöne Seelen verwandeln und ihre Sünden mit Seinem Blut wegwaschen. Jedes Mal, wenn Er Kinder findet, die Glauben wie Gold haben, freut Er sich – trotz aller Schmerzen, Agonie und Sorgen, die Er ertrug, um Sein Ziel in und mit der Menschheit zu erreichen.

Die, die ins neue Jerusalem einziehen, sind echte Kinder Gottes, die Er bekommt, weil Er lange gewartet hat, bis sich ihre Herzen in das Herz des Herrn verwandelten und sie ganz zu geistlich ausgerichteten Menschen wurden. Sie sind für Gott sehr kostbar und Er wird sie sehr lieben. Darum drängt uns Gott in 1. Thessalonicher 5,23 dazu, dass unsere Geist, unsere Seele und unsere Leib bei der Ankunft unseres Herrn Jesus Christus untadelig bewahrt sein möge.

Menschen, die ihre Pflicht als Märtyrer mit Freuden erfüllen

Ein Märtyrer zu sein, heißt sein Leben zu verlieren. Dazu sind eine feste Entschlossenheit und große Hingabe notwendig. Die Herrlichkeit und der Trost, den man empfängt, wenn man sein Leben lässt, um den Willen Gottes zu tun, so wie Jesus, gehen über alles hinaus, was man sich vorstellen kann.

Natürlich hat jeder, der ins dritte Königreich oder ins neue Jerusalem kommt, den Glauben, ein Märtyrer zu werden, aber diejenigen, die tatsächlich Märtyrer werden, empfangen eine viel größere Herrlichkeit. Um so weit zu kommen, dass Sie ein Märtyrer werden können, müssen Sie das Herz eines Märtyrers haben, Sie müssen sich geheiligt und alle Ihre Pflichten vollkommen erfüllt hab en. Erst dann bekommen Sie die Belohnung eines Märtyrers.

Einmal zeigte mir Gott die Herrlichkeit eines Dieners in meiner Gemeinde, die dieser im neuen Jerusalem empfangen wird, wenn er Seine Pflicht als Märtyrer erfüllt hat.

Wenn er in den Himmel kommt, nachdem er seinen Pflichten nachgekommen ist, wird er beim Anblick seines Hauses endlose Tränen vergießen – so dankbar wird er für Gottes Liebe sein. Hinter dem Tor zu seinem Haus gibt es einen riesigen Garten mit allen möglichen Blumen, Bäumen und anderen schönen Dingen. Vom Garten aus führt eine goldene Straße zum Hauptgebäude. Die Blumen preisen die Errungenschaften des Besitzers und spenden ihm mit ihren lieblichen Düften Trost.

Außerdem verbreiten Vögel mit goldenem Gefieder Licht und im Garten stehen herrliche Bäume. Zahlreiche Engel, alle Tiere und auch die Vögel loben seinen Märtyrertod und heißen ihn willkommen. Wenn er auf dem Blumenweg entlang geht, verwandelt sich seine Liebe für den Herrn in ein wunderbares Aroma. Er wird seiner Dankbarkeit gegenüber dem Herrn immerfort und aus tiefstem Herzen Ausdruck verleihen.

„Der Herr liebt mich wirklich so sehr und übertrug mir eine kostbare Aufgabe. Darum konnte ich in der Liebe des Vaters bleiben!"

Im Haus verzieren viele kostbare Edelsteine die Wände; und das Licht des blutroten Carnelin und das des Saphirs sind außerordentlich schön. Der Carnelin zeigt, dass er aus leidenschaftlicher Liebe für den Herrn sein Leben hingab, so wie der Apostel Paulus. Der Saphir repräsentiert sein unveränderlich aufrichtiges Herz und die Integrität, mit der er bis zum Tode die Wahrheit vertrat, und dient als Gedenkstein für seinen Märtyrertod.

An der Außenwand ist eine von Gott selbst angebrachte Inschrift. Darin stehen die Zeiten, in denen der Besitzer litt, wann und wie er zum Märtyrer wurde und unter welchen Umständen er den Willen Gottes erfüllte. Wenn Menschen des Glaubens zu Märtyrern werden, preisen sie Gott dabei. Manchmal sprechen sie auch Worte aus, die Gott verherrlichen. Diese stehen auf dieser Wand geschrieben. Die Inschrift erstrahlt so hell, dass man davon überaus beeindruckt und ganz glücklich ist, wenn man sie liest und das Licht betrachtet, dass aus ihr hervorstrahlt. Wie eindrucksvoll muss so eine Inschrift wohl sein, wenn Gott selbst sie geschrieben hat.

An den Innenwänden des Wohnzimmers befinden sich viele große Bildschirme, die viele verschiedene Wandmalereien darstellen. Auf diesen Bildern wird erklärt, wie dieser Mensch agierte, seit er dem Herrn erstmals begegnete war: wie sehr er den Herrn liebte und welche Werke er mit welcher Herzenshaltung zu welcher Zeit tat.

In einer Ecke des Gartens gibt es die verschiedensten Sportgeräte, die aus wundersamen Materialien bestehen und über die Maßen verziert sind – mehr als man sich das hier auf Erden vorstellen könnte. Gott hält sie für ihn aus Liebe bereit, denn er mochte Sport sehr, gab ihn aber für den Dienst auf. Hanteln bestehen nicht wie auf der Erde aus Metal oder Stahl, sondern werden von Gott hergestellt und sind mit besonderen Verzierungen versehen. Sie bestehen aus kostbaren Edelsteinen, die wunderschön strahlen. Erstaunlicherweise sind sie unterschiedlich schwer; es hängt von der Person ab, die damit trainiert. Diese Sportgeräte dienen nicht dazu, dass jemand fit bleibt, sondern sind eine Art liebevolles Souvenir.

Was wird er wohl spüren, wenn er all diese Dinge sieht, die Gott für ihn bereit hält? Er hatte seine ambitionierten Herzenswünsche um des Herrn willen aufgeben müssen. Eines Tages wird der Herr ihn dafür trösten. Er wird unendlich dankbar sein für die Liebe von Gott, dem Vater.

Daher wird er kaum aufhören können, Gott tränenreich zu danken und zu preisen, denn Gottes weiches, liebevolles Herz hat alles – ohne auch nur den kleinsten Wunsch zu übersehen – für ihn vorbereitet, was er sich jemals hätte träumen lassen können.

Menschen, die mit dem Herrn und Gott vollkommen eins geworden sind

Im neuen Jerusalem befindet sich, wie Gott mir zeigte, ein Haus, das so groß wie eine Stadt ist. Es war so erstaunlich groß, dass ich von seiner Größe, Schönheit und Pracht ganz und gar überrascht und überwältigt war.

Dieses riesige Haus hat zwölf Tore – und zwar jeweils drei im Norden, Süden, Osten und Westen. Mitten drin steht ein dreistöckiges, mit reinem Gold und allen möglichen Edelsteinen verziertes Schloss.

Auf dem ersten Stock gibt es so einen riesigen Saal, dass man das andere Ende gar nicht sehen kann. Dazu gibt es viele Wohnzimmer. Die werden für Bankette oder als Versammlungsräume genutzt. Auf der zweiten Etage sind Räume, in denen Siegeskränze, Kleider und Souvenirs aufbewahrt und gezeigt werden. Außerdem gibt es Räume, in denen Propheten verweilen dürfen. Die dritte Ebene wird ausschließlich für Begegnungen mit dem Herrn verwendet, wo man einfach Seine Liebe empfängt.

Um das Schloss herum befinden sich mit duftenden Blumen bedeckte Mauern. Der Fluss mit dem Wasser des Lebens umfließt das Schloss friedlich. Über dem Fluss befinden sich bogenförmige Wolkenbrücken in Regenbogenfarben.

Im Garten gibt es viele Arten von Blumen, Bäumen und Gräsern, die die Schönheit des ganzen perfektionieren. Auf der anderen Seite des Flusses befindet sich ein riesiger Wald, der alle Vorstellungen sprengt.

Es gibt auch einen Freizeitpark mit vielen Attraktionen, wie zum Beispiel einem Kristallzug, Wikinger-Schiffe aus Gold und andere Fahrzeuge, die mit Edelsteinen besetzt sind. Wenn sie unterwegs sind, leuchten schöne Lichter auf. Neben dem Erholungspark gibt es eine breite Blumenstraße und dahinter eine weite Ebene, wie in den Tropen hier auf der Erde, auf der Tiere herumtollen oder sich friedlich ausruhen.

Dazu gibt es noch viele andere Häuser und Gebäude, die mit

vielen verschiedenen Edelsteinen verziert sind und ihre ganze Umgebung schön und geheimnisvoll beleuchten. Neben dem Garten ist einen Wasserfall und hinter dem Hügel ein Meer, auf dem große Dampfer ähnlich der Titanic herumfahren. All das gehört zu jemandes Haus. Nun haben Sie vielleicht eine kleine Vorstellung davon, wie riesengroß das Anwesen sein muss.

Dieses Haus, das man eigentlich mit einer großen Stadt vergleichen kann, ist eine Art Touristenattraktion im Himmel, zu der sich nicht nur die Bewohner des neuen Jerusalems hingezogen fühlen, sondern Leute aus dem gesamten Himmel. Sie genießen es und erleben da die Liebe Gottes. Dort dienen auch zahllose Engel ihrem jeweiligen Besitzer. Sie kümmern sich um die Gebäude und Anlagen, eskortieren ihn in seinem Wolkenmobil und preisen Gott, indem sie tanzen und Musikinstrumente spielen. Alles, was dem höchsten Glück und Komfort dient, steht bereit.

Gott hat diese Haus vorbereitet, weil sein Besitzer alle möglichen Prüfungen durch Glaube, Hoffnung und Liebe überwunden und viele Menschen auf den Weg der Errettung geführt hat – und zwar mit dem Wort Gottes und weil er zu allererst Gott liebte – und zwar mehr als alles andere.

Der Gott der Liebe erinnert sich an all Ihre Bemühungen und Tränen. Er vergilt Ihnen alles, was Sie für Ihn getan haben. Er möchte, dass alle mit Ihm und dem Herrn vereint sind – durch eine Liebe, die Leben spendet. Er will, dass sie zu geistlichen Arbeitern werden, die unzähligen Menschen den Weg zur Errettung weisen.

Diejenigen, die Glauben haben, der Gott wohlgefällt, können mit Ihm und dem Herrn durch diese Liebe, die Leben spendet, eins werden, weil sie nicht nur das Herz des Herrn widerspiegeln und ganz zu einem geistlich ausgerichteten Menschen umgestaltet worden sind, sondern auch, weil sie ihr Leben als Märtyrer hingeben. Diese Menschen lieben Gott und den Herrn wirklich. Auch wenn es keinen Himmel gäbe, würden sie es nicht bereuen oder als Verlust empfinden, den schönen Dingen auf der Erde Lebwohl gesagt zu haben. Sie empfinden es in ihrem Herzen einfach als Freude, nach dem Wort Gottes zu handeln und für den Herrn zu arbeiten.

Natürlich leben Menschen, die wahrhaftig Glauben haben, mit der Hoffnung, dass der Herr sie im Himmel belohnen wird, wie es in Hebräer 11,6 geschrieben steht: *„Ohne Glauben aber ist es unmöglich, ihm wohlzugefallen; denn wer Gott naht, muß glauben, daß er ist und denen, die ihn suchen, ein Belohner sein wird."*

Allerdings spielt es für sie keine Rolle, ob es einen Himmel gibt oder nicht oder ob sie belohnt werden oder nicht, denn für sie gibt es etwas, das noch kostbarer ist. Sie sind in dem Moment am glücklichsten, in dem sie Gott, dem Vater, und dem Herrn begegnen, den sie wahrhaftig lieben. Daher wäre es für sie schlimmer und trauriger, nicht in der Lage zu sein, Gott, dem Vater und dem Herrn zu begegnen, als keine Belohnung zu empfangen oder nicht im Himmel zu leben.

Es sind Menschen, die eine unsterbliche Liebe für Gott und den Herrn haben. Sie würden sie auch demonstrieren, indem sie ihr Leben geben würden, selbst wenn es kein Leben im Himmel gäbe. Sie sind es, die mit dem Vater und dem Herrn, ihrem Bräutigam, durch diese Liebe vereint sind, die Leben spendet. Wie groß müssen die Herrlichkeit und die Belohnungen sein, die Gott für sie vorbereitet hat!

Der Apostel Paulus, der sich nach der Wiederkehr des Herrn

sehnte, sich um das Werk des Herrn bemühte und so viele Menschen zum Heil brachte, bekannte Folgendes:

Denn ich bin überzeugt, daß weder Tod noch Leben, weder Engel noch Gewalten, weder Gegenwärtiges noch Zukünftiges, noch Mächte, weder Höhe noch Tiefe, noch irgendein anderes Geschöpf uns wird scheiden können von der Liebe Gottes, die in Christus Jesus ist, unserem Herrn (Römer 8,38-39).

Das neue Jerusalem ist der Ort für die Kinder Gottes, die mit Vater Gott durch diese Art von Liebe verbunden sind. Das neue Jerusalem, das wunderschön und kristallklar ist und wo es unvorstellbares Glück und überfließende Freude gibt, steht für uns bereit.

Unser väterlicher Gott der Liebe möchte nicht nur, dass man gerettet wird, sondern auch Seine Heiligkeit und Vollkommenheit widerspiegelt, damit man ins neue Jerusalem kommen kann.

So bete ich im Namen des Herrn Jesus, dass Ihnen bewusst wird, dass der Herr, der in den Himmel aufgefahren ist, um eine Stätte für Sie vorzubereiten, bald zurückkehrt, dass Sie ein vollkommen geistlich eingestellter Mensch werden und sich untadelig bewahren, damit Sie eine wunderschön bereitete Braut werden, die sagen kann: „*Komm bald, Herr Jesus.*"

Der Autor
Dr. Jaerock Lee, Pastor

Er wurde 1943 in Muan, in der südkoreanischen Provinz Jeonnam geboren. Zwischen seinem zwanzigsten und dreißigsten Lebensjahr litt er sieben Jahre lang an einer Reihe von unheilbaren Krankheiten und wartete nur noch auf seinen Tod, denn Hoffnung auf Heilung gab es nicht mehr. Eines Tages, im Frühling 1974, brachte ihn seine Schwester allerdings in eine Gemeinde und als er sich zum Gebet niederkniete, heilte ihn unser lebendiger Gott augenblicklich von all seinen Krankheiten.

Von dem Zeitpunkt an, in dem Pastor Lee dem lebendigen Gott durch diese wunderbare Erfahrung so erlebt hatte, liebte er Ihn aufrichtig von ganzem Herzen. Im Jahre 1978 wurde Dr. Lee dann zum Diener Gottes berufen. Er betete eifrig dafür, den Willen Gottes zu begreifen und Seinen Plan zu erfüllen und er gehorchte dem Worte Gottes. 1982 gründete er eine Gemeinde, die Manmin Joong-ang Church, in Seoul, Südkorea. Seither hat Gott dort in vielfältiger Weise gewirkt. In seiner Gemeinde gibt es Heilungswunder und Zeichen.

Dr. Lee wurde 1986 während der Jahreskonferenz der Jesus-Gemeinde in Sungkyul, Korea zum Pastor geweiht. Vier Jahre später, 1990, begann man mit der Ausstrahlung seiner Predigten durch die *Far East Broadcasting Company,* die *Asia Broadcast Station* und den christlichen Sender *Washington Christian Radio System.* Die Sendungen werden in Australien, Russland, auf den Philippinen und an vielen anderen Orten empfangen.

Drei Jahre später, also 1993, wurde die Manmin Joong-ang-Gemeinde zum einen von der US-amerikanischen Zeitschrift *Christian World* zu einer der „50 führenden Gemeinden der Welt" gekürt und zum anderen verlieh das *Christian Faith College* in Florida Pastor Lee den Ehrendoktortitel. 1996 erhielt er den Doktortitel vom Kingsway Theological Seminary, einer Bibelschule in Iowa in den USA.

Seit 1993 spielt Dr. Lee in der globalen Missionsarbeit eine führende Rolle. Er war auf vielen Evangelisationseinsätzen weltweit unterwegs, beispielsweise in den USA, Tansania, Argentinien, Uganda, Japan, Pakistan, Kenia, auf den Philippines, in Honduras, Indien, Russland, Deutschland, Peru und der Demokratischen Republik Kongo. Im Jahr 2002 beschrieb ihn eine führende christliche Zeitung in Korea aufgrund seines Einsatzes bei verschiedenen Evangelisationsveranstaltungen auf der ganzen Welt als „weltweiten" Pastor.

Im September 2012 zählte die Manmin Joong-ang-Gemeinde bereits über 120.000 Mitglieder und 10.000 Tochtergemeinden im In- und Ausland. Bisher hat sie über 129 Missionare in über 23 Länder entsandt, darunter in die USA, nach Russland, Deutschland, Kanada, Japan, China, Frankreich, Indien, Kenia und in viele andere Nationen.

Zur Zeit dieser Veröffentlichung hat Dr. Lee 64 Bücher geschrieben, darunter Bestseller wie *Schmecket das ewige Leben vor dem Tod, Mein Leben Mein Glaube I und II, Die Botschaft vom Kreuz, Das Muß des Glaubens, Der Himmel I und II, Die Hölle* und *Die Kraft Gottes*. Seine Werke sind in über 74 Sprachen übersetzt worden.

Seine christlichen Kolumnen erscheinen in *The Hankook Ilbo, The JoongAng Daily, The Dong-A Ilbo, The Munhwa Ilbo, The Seoul Shinmun, The Kyunghyang Shinmun, The Korea Economic Daily, The Korea Herald, The Shisa News* und *The Christian Press*.

Dr. Lee leitet derzeit viele Missionsorganisationen und -vereine in folgenden Positionen: Vorsitzender der United Holiness Church of Jesus Christ, Präsident von Manmin World Mission; ständiger Präsident von The World Christianity Revival Mission Association; Gründer von Manmin TV; Gründer und Aufsichtsrat vom Global Christian Network (GCN); Gründer und Aufsichtsrat vom The World Christian Doctors Network (WCDN) und Gründer und Aufsichtsrat von der Bibelschule Manmin International Seminary (MIS).

Der Himmel (II)

Eine Einladung in die heilige Stadt Jerusalem, deren zwölf Tore mitten im riesengroßen Himmel aus glitzernden Perlen bestehen und wie viele kostbare Juwelen hell strahlen.

Die Botschaft vom Kreuz

Eine starke Botschaft, die Menschen, die geistlich gesehen schlafen, wachrütteln soll. In diesem Buch erfahren Sie von der wahren Liebe Gottes und warum Jesus der einzige Retter ist.

Die Hölle

Eine ernsthafte Botschaft Gottes an die gesamte Menschheit gerichtet. Gott möchte nicht, dass auch nur ein Mensch in der Hölle endet! Sie werden von der bisher noch nie gezeigten grausamen Realität vom Hades, der Hölle, erfahren.

Schmecket das Ewige Leben vor dem Tod

Die Memoiren von Dr. Jaerock Lee mit seinem Zeugnis, wie er wiedergeboren und aus dem Tal des Todes errettet wurde und seither ein beispielhaftes Leben als Christ führt.

Das Maß des Glaubens

Welcher himmlische Ort, welche Siegeskränze und Belohnungen stehen im Himmel bereit? Dieses Buch schenkt Ihnen Weisheit und leitet Sie, so dass Sie Ihren Glauben messen und am besten gedeihen lassen können, damit er die größtmögliche Reife erlangt.

Wache auf, Israel

Warum ruhen die Augen Gottes seit Anbeginn der Welt bis auf den heutigen Tag auf Israel? Was hat Er für die Endzeit für diejenigen in Israel vorgesehen, die den Messias erwarten?

Mein Leben, Mein Glaube (I) & (II)

Ein überaus reiches geistliches Aroma – gewonnen aus einem Leben, das mit der unvergleichlichen Liebe Gottes aufblühte – trotz dunkler Wellen, kalter Joche und tiefster Verzweiflung.

Die Macht Gottes

Ein Buch, das man lesen muss. Es dient als grundlegende Richtlinie, durch die man wahren Glauben erlangen und die wunderbare Kraft Gottes erleben kann.